愛自己，只是一個開始

靈媒媽媽的心靈解答書2

Ruowen Huang

著

Part 1／那些關於靈媒、靈魂、身體和宇宙的事

Part 2／那些關於愛、自己和愛自己的事

Part 3 那些關於恐懼、生病和死亡的事

書中的種種話題，都只代表我個人的言論，不能為其他的靈媒發言喔。

By
Ruowen
Huang

Part
1

那些關於——
於靈媒、靈魂、
身體和宇宙的事

靈媒是如何取得「訊息」？

頻道第51集

靈媒是如何取得「訊息」？
是透過聲音？影像？還是強烈的直覺？

如我之前的文章所說，我無法替所有的靈媒回答這個問題，我只能依照自己的個人經驗與各位分享。

在我早期的靈媒旅程裡，我其實會過度依賴身體的感官，總是需要面對面看到實質的畫面或是聽到一來一往般的對話，才能證明自己接收到訊息。但隨著自己的經驗成長，我發現兩個靈魂的溝通其實比較像USB在傳輸資訊一樣。它可以在很短的時間裡，傳送龐大以及極具深度的資訊內容，反而不需要像人類一來一往的對話。當然，在接收到訊息之後，也會依照傳達訊息者本身的認知與背景的不同而有表達上的差異。

但即便如此，我在某些特定的狀況下，還是會接收到一些短暫的聲音或是影像。以聲音來說，一些靈體的存在（如鬼、精靈、魔、妖等），其實還是仰賴對話般的互動，這大多是因為他們的認知以及習慣而定。就拿魔來說，他們習慣用自己的聲音來取代你的聲音。所以如果你總是懷疑自己、不相信自己，也不是很了解自己的話，那麼他們就可以讓自己的聲音融入到你的思緒裡，進而讓你以為那是你自己的聲音與決定。相對的，假若你是一個對自己的能場與想法十分了解的人，那麼任何的外在聲音試圖要掩蓋你的意識時，你都可以很快地區分當中的差別。

至於影像的部分，則大多出現在探索他人的前世今生時。那個感覺其實很像在看電影宣傳短片，有時候則像是快速翻閱整本童話書一樣的畫面。

強烈的直覺大多發生在與你有切身或是間接相關的事物上。如我之前所說，這樣的感官其實是一種生存本能。這就像是即便你沒有任何的邏輯和資料可以支援你的想法，但你就是知道要或不要做一件事一樣。要不然一般來說，大部分在接收到所有的訊息都像是USB傳輸，在傳輸之後可能還需要一點時間整理。但依照個人經驗與習慣的不同，接收訊息的方式自然而然地也有所不同。

是不是每個人都有某種程度的靈媒能力？

如我之前所說，答案是絕對的。

所謂的靈媒能力其實是我們一出生就有的。就像很多剛出生的小嬰兒，雖然沒有足夠的語言與能力可以表達，但他們還是能夠感受到親人的情緒以及周遭的能場。有些還記得自己的前世，有些甚至可以與其他靈體溝通。

不過即便這樣的能力是與生俱來的，卻仍會隨著我們成長的社會、環境、人文、家庭背景等等因素的影響，而造成我們的思想、觀點、想法上的不同。而這樣的差異性則會直接影響我們的靈魂決定是否有保有這種能力的必要。所以大部分的狀況不是這樣的能力沒有了，而是暫時地被遺忘。一般人若是有心要開發的話，其實都可以透過訓練慢慢地找回這種本能。

但我要說的是，人生真的不是一味地開發自己的靈媒能力，而是希望能透過生活體驗來達到身心靈的平衡。由於每一個人的獨立個體性，每一個人所需的平衡點自然也會有所不同，但都需要透過自己去探索，才能找到最佳的平衡點以便創造出生活的實相。

頻道 第52集

靈媒是否會幫助鬼魂渡化？

靈媒是否會幫助渡化所有的鬼魂？

或許是深受好萊塢影集或是鬼片的影響，人們普遍認為靈媒的工作就是要渡化鬼魂。其實，靈魂的進化只是時間早晚的問題。就像是這宇宙間每一件事都有它進行的流程，有沒有你的幫忙都不會改變那樣的流程。所以，渡化鬼魂比較像是心血來潮想幫的忙，但卻不是一件必要的事。

再換個方式舉例：你是否會幫助路邊的每一個流浪漢找到家？答案是不可能。你可能心情好或是剛好手上有零錢想布施，但卻不會大費周章地去幫助他們每一個人。我之前說過，靈媒也是人，也有自己的生活與理想要經營，就算想要幫忙也得建立在自己有多餘的時間與能力之上。在渡化鬼魂上也是同樣的道理。此外，你更要知道在宇宙下根本沒有可隱藏的事。也就是說，今日一旦有動機的產生就是眾所皆知的事。別說你今天幫了一個流浪漢，下一秒很可能所有的流浪漢都會到你家排隊。在靈魂的狀況下，就更是這樣的情形，也就是說，如果我今天渡化了一個鬼，接下來只需幾秒鐘就足以讓我家爆滿一堆等著被渡化的鬼。那感覺就像你唸大悲咒要渡化一個陌生人，下一秒就是一群陌生人等著領大悲咒的場面一樣。

所以，靈媒到底會不會幫助鬼魂渡化？

我應該說這世上有很多好心的人，但我剛好不是那個人。我只會在自己有多餘的時間與精力的時候幫，但不會在任何情況下把這件事當成自願性的工作。鬼魂有沒有被渡化不會是我人生中最大的問題，反正它是一件遲早會發生的事。我也不會花時間研究了解這個靈魂有什麼話要說、什麼話沒說，更不會想要了解他的一生之後再來幫他渡化。真的像電影演的那樣，花三天三夜了解一個鬼魂的一生與需求之後再渡化他們，這應該是靈媒們最想要的最佳狀況吧？要不然，一般一來就是一卡車的來，鮮少會讓你有喘息的機會吧？XD

靈媒是否有出體的經驗或者需要出竅去跟其他的靈魂溝通？

雖然有靈魂出體的狀況，但是機會不多。與任何的靈魂溝通基本上是不需要你靈魂出竅的，因為靈魂是活動自如的，以及大部分需要與你溝通的靈魂都會先主動來找你的情況。當一個人對自己的能場很有覺知時，那麼在任何靈體進入到他的感官範圍內時，他都可以與他們溝通。相對的，靈體沒有進入到感官範圍內的話，那自然也沒有與他們溝通的必要。

我唯一可以想到需要出體的情況是，當你必須去檢查一個有實體但又不在你身邊的靈體時。例如，我想要檢查母親的身體狀況，或是檢查一個地址的能場或是有沒有鬧鬼……等等。

很多人對於靈魂出竅很有興趣，但單就與靈魂溝通這事來說卻是沒有必要的。在這裡可以給各位有興趣的人的建議是：假若你真的想嘗試靈魂出竅，請先學會掌控好自己的能場。這樣出體時才能確保自己是安全的。初學者在學習靈魂出竅時很可能會感到頭昏目眩，往往出去個三十秒的時間就需要三個小時來復原。這原因來自於靈魂本來就不應該離開身體太遠的地方太久。出體三十分鐘就足以讓身體與靈魂的連結開始斷線，這個時候也容易讓其他的靈體有機可趁。所以建議各位先照顧好自己再測試。除了確保環境的安全之外，也建議生手不要去太遠的地方以及太久的時間喔。

當我有強烈的 Gut Feeling*，是不是表示我也是有直覺者？

我在之前的文章提過，每個人的靈媒本能是與生俱來的，只是因應文化、教育、背景、環境的需求而會有所改變。而一般在面對與自己相關的、即將發生、可能發生或是間接會影響到自身所產生的感覺，更是一種我們的靈魂為了保護我們自身所設立的生存本能。

這樣的感覺維持時間一般不長，大約在三到五秒左右。多數的人在那之後就會讓邏輯來說服或取代一開始的感覺。也就是說，即便你在一開始面對一件事就有不好的感覺時，也很可能因為周遭他人的說服或是邏輯分析，而相信那件你一開始覺得不好的事其實是件好事，或是自己想太多的緣故。但我說過基於獨立個體性的關係，每個人的感官都不盡相同，對於某件事是否適合自己也是需要不斷地練習與從錯誤中學習，才能漸漸找到最適合自己的直覺力喔。所以答案是每個人都是直覺者，但每一個人的直覺能力都需要靠練習來調節。

＊英文裡有很多的感覺都被中文翻譯成為「直覺」。英文裡的 Gut Feeling 來自於一種由丹田而生的感覺，這種感覺一般與生存本能有關。

是不是每一個人都有靈魂導師或天使跟著？靈魂導師的數目會不會改變？

靈魂導師就等同於一個人的高我，也就是你的靈魂從有意識以來所有的存在，他會幫助你鋪陳安排這輩子的藍圖與功課，也會知道你未來想要達成的目的是什麼。所以總結來說，每個人都有靈魂導師跟著協助或輔導這輩子的種種課題。

然而天使卻不一定是每個人都有的。它的存在往往會讓人有短暫被祝福的感覺，抑或是在精疲力盡的狀況之下突然覺得體力倍增。但其實光是靈魂導師就可以照應到一個人在一生中會遇到的百分之八十的問題，有時候他們會以天使或神明的方式顯相來給予你力量，但卻不一定是真正的天使。

一個靈魂導師的數目不會變，但高靈或天使的數目卻會隨著你的際遇而改變，只不過我們大部分的時間是不需要靈魂導師以外的指導靈的。高靈一般出現在人生要面對一段較困難的問題的時間點裡。當靈魂導師本身並沒有應對這個問題的技能時，就會有其他較為擅長的高靈或天使來協助。要不然在大部分的狀況之下，一個靈魂導師就很夠用了喔。

誰是我的靈魂導師／天使？除了從靈魂導師身上得到答案之外，還有誰可以給予答案？

我必須假設這個問題是在問「我的」靈魂導師是誰？因為我沒有辦法回答每一個讀者這樣的問題。XD

由於我的宗教背景的影響，我的靈魂導師一開始都是以菩薩的樣子顯相在我的面前。但在我開始接觸其它的宗教或是了解其它的背景之後，我的靈魂導師就開始轉換成一個白袍老人的樣子，再之後又慢慢地演化成一個馬雅青年的樣子。我想，那跟祂最喜歡的形象有關。

但說真的，我已經很久沒有看到我的靈魂導師顯相成任何樣子了。大部分的時候，我所看到的就只是一個光源體的存在。既然沒有存在，自然也就沒有名字的必要。

至於我除了從靈魂導師身上得到答案之外，還有誰可以給予答案？我這麼多年來所得到的體悟是：你的答案都藏在生活之中。只要認真地過好自己的生活就一定找得到答案。你的答案一般不是透過別人的嘴巴來告訴你，大多是在生活跌倒、犯錯、受傷而產生的一點領悟。了解生命中的過程都是一種學習，再將自己的領悟轉化成實驗，進而從實驗中學習到屬於自己的智慧。而那樣的智慧便是你生命中的答案。也因為是自己一步一腳印所走出來的緣故，自然不需要他人的認同。

靈媒知道什麼？

頻道
第 53 集

小插曲：溝通與發洩的不同

你們應該都懂「溝通」與「發洩」兩個詞義的不同。很多情侶對話時明明就是在發洩，卻總是義正辭嚴地說自己是在溝通。因為今早跟老公的一點小插曲，讓我想要離題來討論一下溝通與發洩的不同。

溝通（Communication）除了想要表達自己的想法之外，也帶著想要知道對方看法以找到彼此可以協調妥協的動機。Communication有著一來一往的動作。就比如兩個人在討論今日的晚餐，到最後選擇決定一道彼此都可以的菜色。它一般都帶著「可以配合」的動機。

發洩（Ranting）則是單純地想要表達自己的強烈觀感，但其實並沒有想要配合對方的動機，也沒有想要知道的意願。這個舉動一般來說是單向的，只是單純地想要別人聽你說話、採取你的意見。就如同我在直播中的行為一樣，我只是單純地想要表達自己的看法，並沒有給任何人發表意見的空間。

今天我只是藉由這個機會來跟大家介紹兩個單字。一是溝通（Communication），一是發洩（Ranting）。外國人很喜歡用文字來包裝他們的行為。很多情況下明明就是在發洩，卻總是喜歡說自己是在跟你溝通（說真的，情侶之間好像最常有這樣的問題）。簡單來說，在沒有準備聆聽與配合的狀態下，所有的言論就只是在發洩罷了喔。

靈媒知道什麼？

靈媒不可能知道你不知道的事。基本上，我們只知道你所知道的事。

只不過這裡所指的「你」不是你這輩子投胎的身分，而是從你有意識就開始就記錄你所有一切的「靈魂導師」。大部分與你相關的過去與未來的資訊，都是由你的靈魂導師所提供的。當然在很多的情況下，有些靈媒會以為他們所得到的資訊是由第三者所提供的（例如：菩薩、天使、外星人或是高靈……等等），但如果他們曾經像我一樣好奇地跟著這些「第三者」一走，想追根究柢地找到資訊的源頭的話，那麼他們就會發現其實所有人的資料都來自於靈魂導師本身。所以靈媒並不是無所不知、無所不能，我們只知道你的靈魂導師所知道的事。只不過你與生俱來的靈媒能力因為環境的影響而暫時被遺忘罷了。

但即便沒有靈媒的幫忙，你們其實應該也有類似的經驗：那就是你從一個靈媒那所聽到的話，其實大多在心裡早就有個底了，只不過是需要一個人以第三者的角度來印證那樣的感覺罷了。我相信當人們的直覺一旦被開發之後，應該很快地就不再需要靈媒了吧。

為什麼人們沒有辦法記得前世？

老實說，我覺得人們不記得自己的前世真的是有很好的原因，我真的不知道記得自己的前世究竟有什麼好處。就拿我來說，我還記得自己前世是女巫被處刑時的痛苦。特別是當木樁刺進胸口導致肋骨斷裂再刺進心臟的感覺，到現在仍記憶猶新。抑或是因為車子沒油而被軍官追上，用鐵繩勒死我，這讓我到現在只要車子油燈一亮就心跳加速。甚至是還記得身困在毒氣室裡被毒死時，人們所面臨的無助與恐慌。當這些畫面不時地在你的腦海裡出現，真的會讓你質疑記得前世的目的究竟是為了什麼？記得前世只會讓你忘了過現在的日子，因為你會受限於過去的經驗與感覺而開始產生恐懼。恐懼一旦產生就會如同阻力般地拉扯著你人生前進的步調。人說「一朝被蛇咬，十年怕草繩」，單單一個因女巫之名被處死的記憶，就讓我花了大半輩子的時間在逃避自己是個靈媒的身分。

當然，許多人常跟我辯解說一個人的前世不單單只有不好的記憶，應該也有許多美好的回憶。這話當然沒有錯，但人們對於回憶，往往會放大真實性。假若你曾經在十八世紀的歐洲吃過一道很美味的糕點，你的記憶就會隨著時間不斷地放大那樣的感官，導致現在即便有人跟你介紹哪個地方有好吃的糕點，你的腦子就會不斷地跟你十八世紀時體驗到的口感做比較。糕點如此，更不用說是你一生中所會面對到的人事物了。人的較量心態，會讓你不自覺地將生命中所體驗到的每一件人事物都拿來跟過去的經驗比較，不管在這輩子遇到多好的人，你都會將他與前世相愛的真命天子做比較。所以，記得前世真的沒有任何好處。若說是在前世學習到什麼樣的技能，那麼技能大多是延續到這輩子來的，根本就不需要記得是從哪裡來。至於不記得的，自然是有最好的理由。因為這樣你才有辦法有個全新的開始，才可以開創無限的可能，創造出很多不一樣的未來。

記不得前世才可以讓你專注在這一世，好好地創造這一世，並用心地寫出自己想要的劇本。因為它將會是一片純白畫布，任你創造揮灑。在不受到過去陰影的羈絆下，我們也會比較有進化的空間。

是不是所有的大天使、聖人或是靈魂角色都是真實存在的？你是否可以跟祂們所有的人溝通呢？

你們應該常聽我用「凡走過必留下痕跡」來形容靈魂的記錄功能吧？也就是說一個靈魂一旦在宇宙底下留過痕跡就一定會被記錄，不管是這輩子或是前世發生的事（因為在宇宙底下時間是沒有意義的）。對我來說，當人們討論一個真實存在過的聖人與場景時，我的腦子就會出現那樣的影像。反之，若這個角色單純是被人們創造出來的話，那麼在人們討論的當下，我只會看到一片如黑幕般的影像。

這麼多年來，我從人們口中聽過很多聖人的事跡與故事。我可以說有些天使、聖人或是有名的靈魂角色是真實存在的，但不是所有的角色都是真實的。

至於我可不可以跟祂們所有人溝通？回答之前，「所有」二字是讓我困惑的。因為我只能跟我看得到的人溝通，但卻沒有辦法跟被創造或是我看不到的存在溝通。再加上我對任何宗教的了解真的很有限，所以即便看得到祂們，我也不一定知道祂們是誰。就像有一次在公公家，我一直看到一個半禿頭且穿著咖啡色長袍的人，不懂事的我還以為那是他們家已往生的長輩，直到要離開的那天，我在牆上的小照片看到那個人的樣子，婆婆才解釋那是他們在膜拜的聖保羅。當下真的是有點尷尬，我完全把聖人當孤魂野鬼在看待！好險聖人大人有大量，沒跟我這個見識淺薄的人計較。

所以在沒有人特別介紹的狀況之下，應該我也不知道誰是誰吧。所以老話一句，靈魂溝通用心。跟誰溝通不是問題，但不知道對方是聖人又是另外一回事吧？XD

我可能是個好的靈媒，但絕對不是個好的通靈人

前一陣子有個朋友跟我說：「妳可能是個好的靈媒（Psychic），但絕對不是個好的通靈人（Medium）。通常人們找通靈人都會希望可以得到一些特別的訊息。但你非但沒有興趣去幫他們找，反而一點也不想要向他們證明那就是他們想要找的那個人。」

我上一本書有提過：「靈媒」是看得到肉眼所看不到的東西的人。而「通靈人」則是有興趣擔任兩個世界的翻譯者角色。

對我來說，「通靈」只是我的技能裡的一部分，因為除了看得到鬼之外，我還看得到魔、天使、前世今生、未來顯相……等等。在我的生活中，我喜歡鑽研不一樣的事情，挖掘不一樣的世界。基於每一個鬼遲早都會昇華成靈魂的定律，替鬼翻譯那些死前放不下的執著，對我來說是件十分浪費時間的事。更不用說坊間多的是喜歡做這種事的人，人們不一定要來找我做這樣的事。我個人喜歡幫助人們繼續前進，而不是停留在原地放不下過去。

此外，我想要以一種物理原理來解釋我為什麼不喜歡通靈這件事。一般人認為與鬼溝通就好像人與人溝通，可以聽到逐字逐句的聲音和語句，然後通靈者再原封不動地照著口述就行了。但實際上這樣的事是不可能發生的。因為聲音的產生需要透過實體的振動，也就是說，在沒有身體的狀況下，鬼是沒有辦法「製造聲音」的。既然沒有辦法製造聲音，那就表示他也不能「説話」，那麼一個鬼究竟要如何傳達他們想要表達的訊息呢？那其實就像是所有靈魂的溝通方式一樣，大部分的狀況下，他們會對「通靈者」傳遞一種意念（這個意念會形成一種波動來傳遞），當通靈人接收到意念後會在心裡產生一種感覺，然後這種感覺在通靈人感受、分析與了解之後，再用自己的語言以最接近的意思表達出來。這也是為什麼我之前說：一個通靈人的技巧會取決於這個人的背景。因為他們收到這個鬼或靈魂的意念之後，要如何詮釋或是用什麼文字表達，全都取決於通靈人的觀念認知。

所以如果要盡可能精準地替一個鬼說話，最好的方法不是單純地接收他所傳遞來的意念，而是還要感受對方是個什麼樣子的能場。簡單來說，就是一個通靈的人沒有辦法在不了解鬼生前的個性下，去表達他們想說的話。也就是說，如果傳達訊息的鬼生前是個很負面的人，那我就會感受到他的負面。若他是個天性樂觀的人，那我就會被他的樂觀影響。（只是，有誰是高高興興走的？＞＜）

人活著的時候有很多故事，死後也同樣有很多的故事。在鬼還沒有進入到白光內昇華成為靈魂以前，他們常常會感到茫然不知所措，有些甚至不知道自己為什麼會死掉。然而，他們看不到的世界，不表示我看不到。

在剛開始我還是生手的時候，他們常常趁我不注意的時候就急著靠過來。因為當時我還沒有辦法控制自己的能力，所以往往在他們靠得太近的時候，我就連帶地要感受他們生前種種的情緒。常常本來人還好好地說話，下一秒就莫名奇妙地大哭了起來，搞得朋友擔心我的身心理狀況是否健全。好在這麼多年下來，我也算是研究出我與鬼之間的安全距離，只要距離一公尺以上，我就可以只接收他們的訊息而不需要承受他們的情緒。然而，隨著我鑽研得愈深，就發現我可以做的不是只有通靈而已，我還可以研習因果、前世今生、人生功課、人生目的、人生平台……等等（這也是為什麼我總說自己了解得愈多，反而感覺知道得愈少的緣故）。

當我對靈學領域有更深一層的了解，就更發現那些他們在鬼的身分時急於傳達訊息根本一點都不重要（因為那多半是生前放不下的執著與執念，它們不一定是真的，也很可能只是他生前的邏輯所創造出來的單向觀感）。一旦等到他們昇華成為靈魂的時候，這個時候放不下的事都會放下了，這個時候不了解的事也都會了解了。也因為如此，翻譯的時候我常自問：要不要等到對方昇華成為靈魂的時候再來講重點？因為認識我的人都知道我有嚴重的時間強迫症，總希望能以最短的時間傳達最重要的點。所以即便在跟鬼溝通，我也會不斷跟對方重覆：「說重點。」（基本上就是催促他略過所有抱怨、埋怨、不甘心、不死心，還有所有碎碎唸的習慣）

這時候朋友又說：「但你說的訊息都很籠統。」

因為當靈修這條路走得愈久就愈會發現靈魂的本質是簡單的。真正讓一切複雜的其實是人類的邏輯觀念所編輯出來的。今日無論是我們的平台、功課、人生目的，以及生前的所有一切都是為了讓自身的靈魂變得更好而產生的。因此，要學習相信自己的靈魂可能會創造出覺得自己不夠好的信念。這樣的信念雖然不是真的，但卻要我們花上一輩子去推翻。

但重點是，今日不管你的性別、宗教、膚色、喜好有多麼不同，我們靈魂的本質卻是一樣的。我們都在追求一種人性、被愛、認同感，歸屬感與被尊重感……。所以當我對鬼說「廢話少說，說重點」時，我希望他們能夠好好地省思一下自己內心真正想說的那句話究竟是什麼。因為往往只有在這個時候，他們才會學著正視自己內心最深的感覺，並把生前邏輯觀念所創造出來的故事先放在一邊，然後思考他們真正想傳達給親人的訊息是什麼。我只想傳達那樣子的話。

而且說真的，人死了就死了，再怎麼依依不捨和放不下生前的身分，都是他們要學著放下的功課。那為什麼活著的人卻還老愛在人死後來問通靈人「亡者有什麼話要告訴他們」呢？我覺得那多半是活著的人想為自己找到一個句點。只不過我個人認為這樣的事情就算不用找靈媒也可以做到。因為身為鬼魂的他一定聽得到所有你想要跟他說的話。如果只是想要傳達你很愛他、希望他好好的，或是什麼生前完全說不出口的話，相信在你一有念頭的時候，他就已經收到你所要傳遞的訊息了。

我是如何開始我的靈性道路

我不是因為瀕死經驗才突然開了天眼，也不是因為走了靈修之路才變成會通靈，我是打從有記憶以來就是個靈媒。就是從小就看得到鬼，動不動就莫名奇妙生病住院的那種小孩。也不知道是不是因為常生病、頻率震動比較低的關係，所以常常接觸到一些有的沒有的東西。也因此，我的童年總是活在恐懼當中。就像電影「第六感」裡面的小孩子，明明就看得到卻還要老裝作看不到一樣。這個現象是一直到十四歲左右，我才突然從視覺性的看得到變成感官性的感覺得到，但這對我來說就像是中了樂透一樣。因為你們應該也都知道鬼並不是那麼的好看。能夠只感覺到而不用看到，對我來說簡直就是一大福音。

在開始聊我的靈性道路之前先讓大家有個觀念：那就是我是出生在一個非常傳統的宗教背景。就是那種家裡只要有任何大小事都會馬上要求神問卜，或是跑廟宇找乩童、師父、師姊問事的。尤其是我的母親又特別愛找靈媒，只要人家說準的，就算千里迢迢都要去造訪。每次不管遇到什麼事就被吩咐「唸個幾次大悲咒就沒事了」或是「吃個神符就好了」。也可能是因為這樣的背景環境，讓我從小對「靈媒」兩字和宗教都有蠻大的排斥感，但同時相信它有其真理存在。只不過這讓我即便知道這個宗教有存在的意義，也沒有成為它的一份子的興趣。

那麼我的靈學旅程究竟是怎麼開始的呢？故事的起源來自於一個非常虔誠信仰「一貫道」的阿姨。她是一個照三餐拜拜，也把宗教當做個人使命的人。她常常會去做一些交旨或是幫忙超渡亡靈的事，也認為自己在這個領域的了解比他人多很多。

雖然我長期住在國外，但由於小時候就跟這個阿姨比較親，所以那段期間還是常常跟這個阿姨通話。我姊有一段時間跟這個阿姨住，非但不能讓我媽知道他們住在一起，他們的財務狀況也常常因為許多的宗教活動而一落千丈。而我妹在同時也參與了一個宗教團體。長話短說就是家裡跟宗教摸到邊的人在那個時候全都反目成仇，互不說話了，更不用說彼此間還雜帶著許多沒有必要的謊言與誤會。

那個時候的我雖然跟宗教不太熟，但是最不能理解的是：如果宗教真是幫助人心向善的，那為什麼在他們彼此都那麼虔誠的狀況下還會搞得反目成仇呢？或許又因為那個時候的我正深陷在憂鬱症中，而情感上也遇到挺大的挫折，所以觀音菩薩就在這個機緣之下找到了我。

當時的我雖然看不到，但是感知力從來沒有減少過。即便去廟裡也可以感受到神明在不在，或是師姊有沒有真的被上身等。其實在那之前也不是沒有神明找過我，只不過宗教對於一個不需要的人來說真的沒有什麼影響力。或許是因為自己一直都相信天下沒有白吃的午餐，也從來沒有想過自己會參與任何的宗教，所以當任何神明指名說要收我為徒時，我都會反射性地拒絕，也不想要浪費自己的時間。要不是因為那個時候的我正在經歷痛苦，又加上身旁的亂象，我可能完全不會考慮當初觀音菩薩說要教我十年這檔事。

當時觀音以有條件的方式跟我簽定十年合約。也就是祂會花十年教我所有需要知道的事，而十年後我會去幫祂對抗一個魔（但祂從來沒有說那個魔是誰）。就我單方面的立場來看，這是個完全只有受惠於祂而苦到自己的協定。特別是當身旁的人都因為宗教的介入而變得反目成仇時，讓我對於任何神明與宗教都更有一種防備心。我相信宗教應該是帶給人和平的，而不是讓人與人的關係變得如此混亂。所以當下我以試探的態度要求這個不知道是真是假的觀音：「要是祢可以解除祢所製造出的亂象，並且保證在這十年的過程中，我的家人、老公、小孩都不會受到影響，那我再來考慮這個合約。」

真正地走上到靈修的道路之後，言出必行並死命地想要把不懂的事搞懂是讓我堅持下去的主要原因。再加上不認輸的個性讓我每每在遇到挫敗時，都想要知道下一次要怎麼做才可以平反。觀音菩薩說的魔是十年後，所以在那之前每每跌倒戰敗之際，我不斷地質疑自己憑什麼去對付十年後的魔？又要用什麼方法讓自己變得更強壯？因為種種的因素而慢慢地開啟了這條不歸路。

常常有人問我：「如果想要開啟靈性道路的話，究竟要選擇哪一個宗教比較適合？」坦白說，我發現靈修的道路真的沒有宗教的限制，不管你的抉擇是什麼，你的靈魂導師最後一定會指引你到最適合你的道路。

以一個第三者的立場來看，每個宗教裡都有它的真理存在，而尋找真理的過程就是你的靈魂修行的道路。所以我相信當你的心靈願意開啟靈性道路的時候，任何的宗教都可以將你指引到內心平和的終點，讓你感受到內心與外在的平衡，並幫助你找到靈魂真正的價值。

我也可以以一個靈媒的視角很肯定地告訴你：這世界上沒有任何一個宗教會叫你去殺人、並迫害他人的人權。也不會有一個宗教需要你去說服他人信仰你所選擇的宗教。靈性道路並不是要你去當一個傳教士，而是透過對靈魂更深一層的了解，去找出你靈魂真正的價值究竟是什麼。

我的十年約早過了，在結束的當下，我就急著跟所有的高靈撇清關係，請祂們不要再來煩我了。但也早在十年的過程裡，我就發現自己踏上的是一條不歸路。因為祂們當初所說的「魔」根本就不是一個特定的形體，而是一個透過許多的人所餵養出來的龐大信念。那根本不是當初我以為打打殺殺就可以解決的事。我自知沒有那麼大的能力，所以只能一步一腳印地做自己覺得對的事。

「靈修」不一定要跟著學什麼靈學功夫、做事情。我真正能在「靈修」這條路上學到的，是認認真真地過好自己的日子。勇敢地面對生活中的困難，想哭就放聲大哭，想笑就開懷大笑。透過面對日常生活中的點點滴滴以達到身心靈的平衡，那才是靈修最大的意義。

頻道第87集

宇宙是什麼？

一直以來我們常常聽到人家說：「宇宙這樣、宇宙那樣、你只要做什麼宇宙就會給你什麼、宇宙會這樣、宇宙不會那樣、宇宙……」因為人類很喜歡把萬物擬人化，所以在宇宙還沒被真正擬人化之前，我們來討論一下宇宙吧。

我向來習慣學習整體性的概念後再來研究細節。但研習宇宙對我來說卻是完全反向學習的。高靈們丟了一個接一個看起來毫不相關的課題，然後再讓我慢慢地去發覺他們彼此間的連結點。因為跟我向來的學習方法不同，所以花了我好久的時間才搞清楚宇宙與萬物間的關聯性。今天我想要用我的方法讓大家先了解宇宙是什麼，再來看看後面解說的東西合不合理。

我沒有辦法用中文或英文來明確地形容「宇宙」這個東西。對我來說，宇宙是一種萬物之所以存在的法則。在了解它之前，你先要了解的是「震動」。也就是這世間不管是你看得到的，還是看不到的萬物都是一種震動。震動愈密集，就會形成肉眼可見的實體。反之，如果震動愈鬆散，就會是人類肉眼看不見的東西。以神明來舉例，祂們極速的震動會讓我們看不到祂們的實體存在。

如果你了解這個道理的話，那麼我們更進一步討論方才所說的震動。它其實不限於你肉眼所看得到的東西，而是你散發出來的意念、做的事情、思考、邏輯、感覺……等，它們全都是一種震動的存在。

靈魂本身是一個自體供電的發電機。也就是說，只要有靈魂的存在就會產生震動，不論是你的情緒、想法都會產生震動。所有東西，甚至是星球、月球、太陽也都是一種震動。

在佛教裡面常常提到「空」字。像是色即是空、空即是色。在沒有人解釋的情況下，我們會以為佛教的「空」就是「把所有的東西都放下」。

版主我花了十年的時間來了解「空」究竟是什麼。如果你了解上述的震動原理的話，那麼「空」就是震動之間的平衡點。你會漸漸地發現人性是兩極的，有好有壞，有喜有悲，有喜歡與討厭，就好比有神就有魔一樣，這些都如同是震動的彼端。當這兩極互補（或互相平衡）的狀況之下（例如有神就有魔，或是沒有神自然也沒有魔時），那就會自然地到達了「空」的境界。這也是為什麼之前的影片／文章會不斷地鼓勵各位在表揚自己的光明面同時，也要擁抱黑暗面的原因。

如果用震動來比擬正負面情緒的話：正向的人震動頻率比較快，在顯相未來目標的速度上也會比較快，但也比一般人更容易消耗能量。而負面的人由於震動頻率較慢的關係，行為上會趨於慵懶，顯化上自然也會比較慢。而正負共振的結果則可以產生正常速度。

同樣的，如果你了解宇宙就是一種震動的話，那你也就會了解為什麼會有因果、輪迴以及報應的產生。拿因果來舉例：「因果」是一種讓宇宙保持平衡的力量。當宇宙底下有不平衡的震動產生時，因果的震動就會自然生成以讓宇宙達到平衡。所以如果將一個舉動形容為作用力，那麼「因果」就如同是反作用力。這也是為什麼在宇宙底下沒有是非對錯，只有萬物的平衡力。

如果了解這個道理，就會了解為什麼我總是提到要找到平衡。因為A點到B點的震動距離越大，我們必須要走的路就相對的變得比較遠。一旦情緒可以達到平衡的時候，也就是A點到B點最近的距離愈近（幾近直線），那麼你要到達人生目標的路也就相對的減少，而形成你們一直在尋找的捷徑。只不過這個捷徑不會在你逃避問題或是假裝它們不存在的狀況下產生，大多要等你坦然地面對自己的功課，並親身體驗到自己的好、壞、喜、怒、哀、樂後，才會慢慢地以共振的方式達到一種平衡的狀態，而形成佛教裡所描述的「空」的境界。這個境界要達到靈魂想要的每一個點都會是捷徑。

雖然沒有繼續再深入討論宇宙這個話題，但只是想先起個頭讓大家以另一個角度思考所有的事。一旦我們可以跳脫框架思考，那我們就會發現那些好的、不好的事，完全都只是震動的不同罷了。以不同震動的方法來看待所有的事情，你就會知道尋找解決方法其實是簡單的路。那就是如何改變自己的震動，那麼事件自然會因為震動的改變而轉變。或者是當有不好的事情發生時，就換個角度思考宇宙的作用力與反作用力原理，那麼你就知道好的事情鐵定也快要發生了喔。

靈魂不受時間與空間的限制

身為一個靈媒，我想要跟大家分享我觀察的結果，但它不一定是萬物的真理，只是想提供各位一個不一樣的視角與思考方向。我向來建議大家多看多聽，對於任何學術上的研究，我相信坊間有很多的資源可以給大家做為參考。但更重要的是要透過自己的生活實踐與融會貫通才能找到適用你的真理喔。

在靈魂的狀況下，靈魂不會受到時間與空間的限制。這是我的靈魂導師在靈學旅程的初期就丟給我的觀念，只不過我花了許久的時間才真正了解它的意義。

靈魂不受「空間」的限制應該是個容易理解的觀念，就好比鬼可以穿梭自如一樣。我對不受空間限制的理解是靈魂可以自由穿梭，不會被建築物局限。不過，在我們的觀念裡面，鬼還是要透過A點飄到B點的方式移動。我的客戶來自世界各地，所以很多時候我必須做遠距離的諮詢，特別是像能場檢測、鬼與冤親債主……等。也就是說，我人雖然在溫哥華，但我的靈魂要到客戶的所在地方。剛開始，我的身體很容易感到累。可能只是短短五分鐘的出遊，我就必須花半小時到一小時休息，後來較為上手，才比較了解靈魂導師所要表達的概念是什麼。

人們對空間的觀念是：如果想從加拿大到義大利的話就必須搭飛機飛過去。但在靈魂的狀況下，你可以這一秒在加拿大，下一秒在義大利，下一秒到法國，又或者下一秒回到台灣。我的靈魂導師讓我學習到的第一個觀念就是：雖然我們的身體會受限於空間，但是我們的靈魂可以在同時間去很多不一樣的地方。

我的靈魂導師介紹的第二個觀念是：靈魂不受「時間」的限制。剛開始我對於這樣的觀念一知半解。因為雖然我可以去探索三千年前的事，抑或是遊走客戶的前世今生，不過，這些能力在我的觀念裡，是因為這些資料全儲存在客戶的資料庫（圖書館）裡面的緣故，而我感覺自己比較像是借閱者的角色。所以當祂說靈魂不受時間限制的時候，我發現自己挺難跳脫「借閱」的觀念。我當時的觀念比較像是資料來找我，所以我可以接收到各個時期與時代的資訊。一直到有一次我去墨西哥旅行，我才真正地感受到類似時空旅行的概念。

之前應該有提過，我的靈視力有回復遺跡原貌的能力（我想這應該是建立在大部分的遺跡都附有殘留記憶的原因）。這導致我每次去歷史遺跡觀光景點時都挺喜歡做這件事，因為好奇心趨使，讓我想做過去與現在的前後對照。

有一次到了一個著名的墨西哥遺址，我也不自覺地運用了這樣的能力。唯一和以前不太一樣的地方是它不只還原了遺跡原本的樣貌，它還同時還原了一個儀式（或許是因為我對於廣場中那塊突兀的石塊區域感到好奇的緣故）。由於這是我第一次還原建築以外的場景，所以我很好奇地四處觀看他們到底在做些什麼。就在這個當下，我不小心與還原現場的馬雅祭司對上了眼，我的邏輯反射性地認為他不應該看得到我。因為在我的感覺裡，我只是在觀看由遺跡所投射出來的影像罷了，那跟看電影沒什麼兩樣，我不認為自己可以與電影裡頭的人互動是同樣的意思。但是那個馬雅祭司的眼睛卻一直鎖在我的身上，讓我愈來愈發毛。結果短短不到五秒鐘的時間，我就開始感到頭痛，不到一個小時，我開始發燒，接下來的日子我難過得恨不得剝了自己的皮，身子忽冷忽熱，腦子裡還一直有人叫我跳樓，莫名奇妙地發了整整三天三夜的高燒才好。

這個經驗讓我把之前所有的案例和研究全部挖出來再重新整理一次。因為我怎麼也沒有辦法理解為什麼早已消失的馬雅文化時期的祭司會看得到生活在二十一世紀的我。我開始質疑自己一直以來看見的畫面其實並不是有人把影像送到我的面前，而是我回到了他們的時代。就正如我在那個馬雅祭司的眼裡清楚地感受到的訊息——我闖入了不屬於我的地方。

也因為這個緣故，我開始做很多的實驗，想要透過親身的試驗，才有辦法說服自己，並與他人分享。於是我開始回到不同的時期與不同時代背景的自己對話，依照當時的某種創傷來重新設定，然後再回到現實生活中來觀察那些「重新設定」會不會對他們的未來（也就是現在的我）產生任何的影響。也因此慢慢地透過觀察研究出所謂的平行宇宙概念，希望未來可以為大家細述說明。

我們對於時間有很深的線行觀念，也就是說時間一旦過了就回不去了，我們只能繼續往前走而沒有辦法回頭。但透過我自身的馬雅經驗後，我才發現時間原來不是線行的，而是重疊的。也就是說我們的過去、現在、未來其實是同時存在的。

我們有討論過宇宙是一種振動。所以與其以線行的方式去思考時間，我們更應該將過去、現在、未來三個時間軸重疊在一起的角度去思考，這樣你就有辦法把它們連成一體。當你有辦法把它們重疊成一個點的時候，你就有辦法同時存在你的過去、現在和未來。

我想讓大家知道的是：你其實同時存在在你的過去、現在和未來。在你覺得自己的所做所為都是受到過去的影響之餘，你此時此刻的思考以及頻率也同樣可以影響到你的每一輩子喔。

關於宇宙的問與答

頻道第89集

之前提過「everything is vibration（宇宙之下的一切都是振動）」。如果大家對於這樣的概念還是一知半解的話，建議各位上網查查愛因斯坦的相關學說——宇宙之下的一切都是振動。也就是你是一種振動的存在，而宇宙本身也是這樣的存在。

我想單就這個理論跟大家做細部的討論。身為靈媒的我，很容易理解宇宙與能量是種振動的觀念，因為我們大多是透過感應來獲得認知的。把能量理解為一種振動就像是知道聲音是種振動的意思是一樣的。但是對我來說，要理解任何實質物品其實也是一種振動（就好比說杯子本身是種振動）其實還是有點困難的。（關於這點，你同樣可以去研究愛因斯坦理論的「粒子振動」（atomic vibration），它其實就是在研究分子和粒子的振動，透過這樣的振動而造成物品的存在。）

我雖然一直以來很愛看愛因斯坦的研究，但說真的要完全理解它還是有點困難的。一直到接觸一位日本博士說人的意念可以改變水的分子，我這才第一次感覺到愛因斯坦理論的真實性。江本勝博士說人的意念可以改變水分子的樣貌。如果對水投注好的意念，那麼水分子在顯微鏡底下就會形成很漂亮的水晶體。反之若是投注不好的意念，那麼顯微鏡底下的水分子就會變得很醜陋。

當時為了證明他的理論的真假，我還特地給很多罐水貼上不一樣的標籤做研究，並好奇到底要花上多少的時間才足以改變水的質量。結果第一杯水才花了短短三個小時的時間，就感覺到如同水沸騰的振動，緊接著就感受到質量的改變。這是我第一次感受這種實質的東西，也驚嘆原來物質的本質是可以被改變的。爾後我又把同樣的理論套用在不同的物質之上（例如石頭、水晶、木頭、甚至金屬），這才慢慢地發現，原來意念的振動真的可以改變物質的本質。

在發現了新大陸以後，我又開始一連串的實驗。我想要了解如果人類也是一種振動的存在，那我們是不是也可以受到振動的影響而改變我們的質量呢？以靈媒的視角來看，思想、情緒、意念、動機全都是一種振動，透過振動而影響實質變化的機率又是多少？影響的範圍又是多少？建立在每一個靈魂都是自體發電的狀況下，我們的思想除了影響到自身之外，同時也可以影響到周圍的人事物……好奇心讓我想要一直鑽研下去，也讓我慢慢地研究出人們可以如何透過意念療癒自己的疾病。

網路上有人問我：「如果宇宙有好就有壞，那是不是當一件非常好的事情發生在我身上的同時，我就必須擔心會有非常不好的事情即將到來？」我的回答是：「不是。」因為它不是宇宙運行的法則。好的事情它本身是一種振動，不好的事情也是一種振動。只不過好的事情振動偏快，而人們觀念裡不好的事情振動則偏緩慢。正面情緒的人之所以可以很快地影響到負面情緒的人，是因為正向情緒本身的快速振動本來就很容易影響／改變周圍的頻率（不一樣的振動發生在同一件事情會產生平衡狀況。而不一樣的兩個振動同在一個空間時則會產生協調後的共振）。所以當身旁有不好的事情發生時，你可以做的是改變自己的信念，透過正向意念振動去改變不好的振動，進而讓原本不好的事件可以往比較好的方向發展。

疾病也是一種振動。由靈魂所產生出來的振動會直接影響到身體發展的振動。因為我們允許振動來掌控這個身體（這個振動的產生大多是因為執著或是放不下的情緒），以致於我們的身體就會因此受到影響。如果你開始了解振動的原理，那麼你就可以同樣透過意識的改變為自己創造一個比較好的振動，藉此慢慢地改變以及影響疾病的振動。有人問我是否可以利用自己的振動去改變第三人的疾病呢？由於我們沒有辦法二十四小時地跟在那個人身邊，所以關於疾病改善的最好方法還是當事人本身想要改變喔。

還有人問：是不是只要克制自己的情緒起伏不要那麼大的話，就可以讓本身的振動變得強大呢？其實不是。要讓自己的振動變強大不是刻意地去壓抑，最好的方法是讓情緒成為自然流通的能量。想哭就哭、想笑就笑，而不是勉強自己強顏歡笑或是壓抑情緒。我們都知道過度壓抑能量的結果只會造成更大的反彈，所以當一個人能夠擁抱自己的情緒時，反而比較容易找到心靈的平衡點。

我曾經形容有靈魂的身體就像是顆會走路的燈泡一樣。如果你能夠了解靈魂是那根會自體發電的燈泡絲的話，那麼如何讓這顆燈泡變成一顆發光發熱的燈泡，則是決定在你對自我價值的肯定。當你愈相信自己，也愈能擁抱自己的好與壞時，你的能量自然而然地會變得強大。反之，當你愈是懷疑自己與質疑自己的價值，甚至是認為自己根本沒有任何存在意義時，那麼不管你再怎麼努力地想要發射正面的能量，它還是很容易會受到內在自卑的影響而無法強大。正如我之前所說的，我們之所以輪迴是為了透過克服生命中的難題而讓靈魂得到成長，透過每一次的失敗來讓內心建立一點的信心，每一次的勇氣都會將你推向更好的未來。

另外補充一點：如果了解神與魔的對立關係的話，就會了解對於任何一方的偏袒／偏好都會直接地影響到你對於另一方的判斷力。也就是說當你過於崇拜神時，你同時也給了魔操控你的機會。所以最好的情況是讓自己的情緒達到比較平衡的狀況，並訓練自己的判斷力。也就是說，你即便相信神的存在，也不需要給予祂太多的權力，了解惡魔的存在也不需要對他們產生太多的恐懼。若是能以一個客觀的立場去看待事情，你就會發現沒有任何的人事物可以對你產生太大的操控能力喔。

關於時間振動的問與答

問題一、你看得到未來嗎？

答：我雖然看得到未來，但我們的未來其實是一種浮動的狀況。也就是說只要未來還沒有發生，任何一個意識與行為的改變都可以隨時更改未來的結果。

這個理論是透過許多的客戶諮詢與自我實驗結果得知的。在諮詢的過程裡，只要客戶的意念當場改變的話，那麼我所看到的未來就會同時改變。幾次的諮詢下來讓我開始鑽研：如果我看到十種不同結果的未來，那我要怎麼做才可以朝著那個最好的結果前進。這也是幫助我研究出「你創造你的實相理論」的前因。

人們對待未來與過去的態度是不一樣的。在我們以往的觀念會認為過去是已經發生的事件，我們沒有辦法回去改變，或者是透過它來改變現狀。這是探索過去與未來最大的不同點。但是無論是過去還是未來，你都不能改變它的大方向。也就是說，假設我想要更改的點剛好是這個人的人生平台或是功課的話，那麼不管我做什麼都沒有辦法改變它。假設某個人在平台的鋪陳裡就是要在某個時間點死掉，那麼不管我有沒有干涉，都無法阻止這件事不要發生，因為那是他人生的大方向。假設一個人的人生平台註定要在某個點死亡，而我透過通靈回到過去傳達「不要做這件事，不然會死亡」的訊息。這種情況下，我的參與會成為那個人的直覺或是不好的預感，但假若這一切是他人生鋪陳的一個安排的話，那麼他到最後還是會違反自己的直覺去執行那件事。

所以在試驗過各種不同的實驗之後，我發現原來我可以改變的事情真的很有限。它必須建立在不影響他人的人生功課與平台為前提。同樣的道理，不管任何靈媒給你任何的建議，若這件事是落入你的人生功課，也就是你必須透過它才有辦法得到成長的話，那麼就沒有任何人可以阻止它的發生。他們的建議可能可以延遲它發生的時間點，但事情還是遲早會發生。

因為如此，讓我開始思考人們回到過去究竟可以改變什麼？因為當我回到過去的時候，我的確還是可以透過意識傳達某個信念或想法給對方。也就是說我是可以給予對方祝福或是安慰的能量。假設這個人正在面臨戰爭的苦難，我能做的就是傳達「一切都會沒事」的訊息。回到過去的我雖然無法改變他的現狀，但卻可以給他某種程度的心靈安慰。

問題二、網友依照第八十八集的直播來問我：為什麼我和馬雅祭司對到眼了之後會生病？

答：原因很簡單，因為我侵略了他們的聖殿或聖禮。因為對他們來說，不管我的身分是什麼，在不對的時間點出現在不對的地方就是一個侵略性的靈魂，所以那個祭司對我下了消滅的詛咒，這是為什麼我會覺得不舒服的原因。此時又有人問我：我不是說我不能改變大方向嗎？那麼為什麼祭司的意念還是會影響到我，並對我下詛咒？這難道不會影響到他們當時的結果嗎？答案是：如果我真的干預了，那才真的會影響到他們原本在做的事。把我除掉（或趕走）之後，他們才可以繼續原本要做的事。因為不管以哪一個時間點來看，我都是不應該出現在那裡的存在。

因為提到馬雅祭司，我想順便在此聲明一件事：我知道有些人去歷史遺跡旅遊的時候，很喜歡拿一些碎石之類的東西回家做紀念。我想建議各位盡量不要做這樣的事，特別是一些擁有遠古文明的地方（例如：埃及、馬雅、印加、中國、羅馬……等）。尤其是到墓地或遺址，都不要有撿石頭、木頭、甚至是土壤做紀念的舉動。單就馬雅文明來舉例，馬雅為了保護死後的靈魂，會在祭典時設封印，這些封印不管歲月的流失多少還是會儲存在周遭的自然元素裡。一些厲害的祭司可以讓封印不受時間影響而完整保留。有些人可能誤闖了他人的墓地而隨手撿了顆石頭，若是這顆石頭仍保留著封印的一部分，那麼在你拿走石頭的當下就解開了當時的封印（或是帶走了封印的一部分），而讓它成為一種如影隨形的詛咒。其實大部分的祭典都是為了保護亡者或是某個地方不受到外界的靈侵犯（不管你是哪一個時代的人，對他們來說都是外靈），所以有機會去參觀遺址時，用眼睛欣賞就好了，尊重歷史的記憶與那些往生的人，可千萬別養成順手牽羊的習慣喔。（或者該說：你永遠不知道那個時代的祭司厲不厲害喔XD）

問題三、有人問我是不是可以把時間假設成一個蜂巢，像是上面有很多洞，例如A洞、B洞、C洞，然後這些洞是同時存在的，我可以在A洞也可以跳過去B洞？

答：我覺得從A洞到B洞還是一種時間旅遊的概念。我要說的時間振動比較像是你可以同時存在A洞和B洞的概念。因為過去、現在、未來的時間是同時存在的，當你在任何一個點製造出改變的時候，它都會直接或間接地影響到你的任何一個時間點。所以與其用蜂洞來形容，我覺得時間的觀念更像是蜘蛛網的存在。也就是每個點都是同時存在，而且每個點都是互相牽動的。當一個點受到衝擊時，所有的點都會受到影響，但大部分的面積還是可以繼續存在的。

問題四、看到霍金的「愛的萬物論」，想到關於時間的問題。你之前說過去、未來、現在是同時存在的，那過去發生的事情還會不斷地繼續重覆發生囉？一直不斷的重播嗎？過去的事情永遠無法走過去嗎？還是說那些過去不會是真正的存在的，而是會變成版主所說的「振動」這類東西？

答：我透過許多的實驗得知我們的未來是浮動的，也就是說我們未來的結果決定在於我們此刻所做的決定與意識轉換。假設每一個已經發生過的事（過去事件）都是已存檔的，那麼在這樣的情況下，只要有相同的情境再次發生，你的記憶庫就會有似曾相識的感覺。如之前提過的，我們沒有辦法回去改變已經發生過的事，也沒有辦法改變以人生功課為鋪陳的大方向，但我們卻可以在任何一個時間點，透過意識的溝通給予任何人能量與方向，讓他（或自己）在那個當下不會那麼痛苦。一旦對方有了力量可以去面對以及克服那樣的事件（或功課）時，那麼同樣的事件就沒有再發生的必要（一般情境會一直重覆與重播大多來自於人們不願意去面對自己的問題與功課，導致相同的功課會一直被安排進下一個人生藍圖裡）。所以有些時候你會對某些情境感到似曾相識，主要是因為這個事件很可能在你的過去曾經發生過。因為如上所說，任何一個事件都會被存檔到你的資料庫裡面。

總結是：過去發生的事情不會一直重覆與重播，但是一個從來沒有去面對的功課多半會被安排到下一個階段（不管是這輩子或是下輩子）。人若是可以從一個功課中得到領悟，那麼就可以學會走過這個事件，而讓同樣的事件不會再度發生。過去事件是真實存在的，但領悟點是不受到時間限制的。

問題五、如果疾病是種可以改變的振動，那麼受過傷的地方（比如說跌倒有傷口），除了敷藥，也能靠意念讓它恢復原狀嗎？

答：任何受傷的東西都沒有辦法恢復原狀。就好比我請你折一張紙，折過的紙再攤開，一定還會看到痕跡，即便是用熨斗燙平也不會成為原本那張乾淨無痕的紙。但這是有很好的原因的，每一個靈魂受過的傷都會成為一種印記，若是從這個傷口中得到學習，那麼這樣的印記就會成為一種靈魂的提醒。正如受傷的手療癒了，雖然會殘留疤痕，但其功能還是可以恢復正常運作一樣。所以如果你要的是恢復原狀，那是不可能的，但除了敷藥以外，你的確可以給予它療癒的意念以幫助它早點恢復。通常我們實體受傷時，靈魂也是跟著受傷的（反之也是），所以除了外傷的療癒之外，也要記得安撫你受創的靈魂。因為你的靈魂就像所有的外傷疤痕一樣，他會透過療癒的過程而記取經驗與教訓，藉此讓自己變得更加堅強與強壯喔。

頻道第92集

有時候「真理」是隱藏在我們所看得到的包裝背後

談論這個話題以前，我想要先聊聊之前提過有關宗教的話題。曾經有朋友問我：「如果你懂得這麼多的話，要不要考慮自創一個宗教？」對此，我的高等靈魂曾回答：「真理存在每一個宗教裡面。了解的目的不在於創立自己的宗教，而是在所有的宗教裡尋找相同的真理到底是什麼。」

我不否認在靈學初期時，也曾想要把自己的所知所學獨立一派。但我同時意識到那只不過是人性的自大心使然。每當我們覺得自己懂得比別人多，或是了解得比他人透徹時，我們就會迫不及待地想要把自己區分出來，以顯得自己的尊貴與不同。我不否認自己就曾經是那個樣子，若不是那個時候高靈點了我那句話，今日的我可能也會讓自己的自大心沖昏了頭，而忘了去尋找真理究竟是什麼。人性的貪婪往往會讓人迷失自己的方向。假設我今日專研佛法並了解得十分透徹的話，在自大心的驅使之下，當一個基督徒跟我分享了什麼，我就會直覺地想要用我的認知去反駁對方的論點，以突顯我的優越。

所以每當我自大的人性又讓我開始迷惘時，我就會再回頭思考高靈所說的這句話，並仔細地反省自己是不是忽略了什麼重點。他說真理隱藏在每一個宗教裡，所以與其站在一個立場去證明其他人都是錯的，我開始去思考所有宗教的共通點究竟是什麼。因為我顯然是沒有看到高等靈魂所謂的「真理」，所以才會急著想要證明他人的錯誤以證實自己的優越。但如果高靈說的是真的，那我更不應該以區別心去看待所有的宗教才對。

也是在這個時候，我開始接觸很多不一樣的宗教。透過了不批評、不斷論的方法深入了解其它的宗教，我開始意識到所有的宗教誠如高靈所說的：都有「真理」存在：它們期望把人心帶到最基本的狀態（也就是身心靈最合一的狀態）。在這樣的發現與領悟後，我的高靈又解釋道：「唯有不了解宗教的真理是什麼的人，才會覺得有必要自創宗教或是說服他人信服你的宗教。」高靈的話讓我開始觀察所有宗教的相似點，也進而把相同的觀念套用在人的身上。

假設每一個人都是不一樣的宗教，而每個人都有一個真理的話，那麼那個「真理」究竟會是什麼？我有來自於世界各地、各種人種的客戶，在探索他們的前世時發現一個共同現象，那就是我們都曾經扮演過這輩子對立一方的角色（也就是你很可能曾經在某一輩子扮演過你現在討厭的那個日本人、猶太人……等）。

在接觸到愈多這樣子的個案之後更是發現，那些有從輪迴中學到對立關係平等的人，在這輩子雖然也同樣有自己的喜好，但不會對任何的事情有太強烈的反對與觀感。就好比他們即便不喜歡同性戀，也不會排斥他們的存在。因為他可能在某一輩子曾經扮演過這樣的角色，而靈魂也還有那樣子的記憶與領悟，所以即便這輩子不是同樣的角色，也能夠設身處地思考他人的立場。反之，若是對某個人事物有特別強烈觀感，覺得有必要轉換他人信仰，抑或是因為異己而努力想要排擠、消滅對方的人，通常都還有這方面的功課需要克服。

我很喜歡把有靈魂的身體形容成會走路的燈泡，除了靈魂自體發電的功能之外，更重要的是在靈魂底下你的外型、樣貌、信仰、性別喜好、國籍、性別……，根本一點都不重要。以靈媒的視角來看靈魂，每個人都是發光體，就像是燈泡裡的光源一樣。如果人們可以略過每個人的外在包裝的話，就會發現今日人們所討論的種族、宗教、性別歧視其實一點都不合理，因為就跟宗教裡的真理一樣，不同的人裡頭還是擁有相同的真理，那就是「人性（Humanity）」。人性是一種可以感同身受的感覺。即便是不一樣的人種、膚色、高矮、性別……，我們的內在都還是存在相同的人性，都在尋找一種歸屬感。如果每個人都可以有同理心，並學會感同身受時，那麼即便不一樣也會懂得彼此尊重。

我有注意到新世代的小孩似乎更有覺知，也就是與其相信眼睛所看到的，他們更習慣用感官去感受事物。所以對於我們這種生長在交叉世代的人，我們的觀念可能還是深受社會環境影響。但我今天想透過這個論點來讓大家有不一樣的思考方向：在靈魂本質都是一樣的狀況下，我們投胎都是為了透過這個過程來幫助靈魂進化。每一個人的功課都不盡相同，也沒有互相喜愛的必要。但若是你可以以同理的角度去思考，那麼你就會清楚地知道每個人都必須要透過自己的方向與學習速度去走這條專屬於他們靈魂的路。所以即便遇到不喜歡的人，雖不能接受也要學習尊重，因為在靈魂的平台底下並沒有彼此的不同。若是可以以同理心退一步思考的話，相信可以為你開啟另一扇門而讓你發掘更多的可能喔。

讓我們來討論靈性傲慢吧

今天我們要討論的是「靈性傲慢」，英文叫作Spiritual arrogance。所謂的靈性傲慢，基本上就是指一些人靈修到某個程度以後，就會拿著自己現有的知識去批判他人的行為。例如：他們該怎麼靜坐、吃素、唸經，或是如何才能夠得到愛與光……等。這些人總是以一種師傅的姿態在教導別人，更覺得有義務要指正他人的缺點／錯誤，光是從他們的口語就很常聽到類似「你應該這麼做……」的句子。

這些人只要一開口就覺得你應該把他的話照單全收，不要有任何的懷疑。而且會把自己高人一等的姿態當作是理所當然的態度，只不過這種居高臨下的姿態往往很難讓人得到啟發與同感，過度傲慢的人反而會讓人因為反感而對他們的信仰產生懷疑與排斥。

我也曾經是這樣的人。當自己對靈性稍有領悟時也覺得要獨樹一格，只不過當時被靈魂導師糾正：「大部分靈性開發的人一旦開始傲慢就停止進化了。」也就是人們一旦認為自己無所不知的時候就會停止學習了。

我同時也注意到：靈性修行到一定程度的人，當身旁的親朋好友遇到什麼問題，而我們自覺地知道答案時，就會忍不住地想要指導他人該怎麼做。就像我的老公常覺得我好像一副什麼都懂的樣子，但這樣的指責同樣反映在當他養生養出一點概念之後，也常常指責我什麼該吃，什麼又不該吃一樣……。

所以我發現所謂的傲慢根本不只侷限在靈性上。在任何領域裡只要自己知道得比別人多一點的時候，人性就會有一枝獨秀的慾望產生。就好比有人加入了某個宗教團體之後，頓時間身旁的所有人都要跟著他拜神、靜坐、吃素，或是燒香拜佛……等等。

我的靈魂導師曾經告訴我：「如果你想要了解宇宙到底是什麼，又是如何運作的話，那麼就把自己的行為套在任何自然生態上，自然就會知道它合不合理。」就好比如果我歧視黑人，那我要去思考白豬會不會歧視黑豬，自然就可以理解這個行為的合理性。當人們一味地批評吃素才是對的同時，可以去思考萬物是不是全都是素食動物。

在未來我會提到許多「輪迴」相關的話題，在此可以稍微提一下：人之所以輪迴，有很多的原因，以及需要克服的功課，而「傲慢」就是其中的功課之一。我們投胎不是為了要克服傲慢（因為「克服」比較像「不要擁有」），更確切的說法應是為了找到其中的平衡點。也就是要如何成為有自信，但不驕傲的靈魂。

我的靈魂導師也曾經提到：「要了解宇宙是什麼，就必須先了解獨立個體性。」所謂的獨立個體性就是了解每個靈魂都是獨立的個體。所以當你面對與自己不同的人時，不應該用自己的主觀觀念強制地套用在他人身上，而是去了解他的獨立個體性。你可能不喜歡對方，但卻沒有去批判他的必要。你可以選擇不要讓這樣的人參與自己的生命，但至於他是什麼、要什麼，那全是他自身的功課，你必須相信他的靈魂導師會選擇最適合他的方法來教導他應該學習的功課。「獨立個體性」會讓你清楚地認知到：你們不是同一個個體，而他的功課也不會是你的功課。

我的靈魂導師曾經舉了個例子：「當你看到有兩隻狗，其中有一隻狗翻牆功夫很厲害，而另一隻狗怎麼翻就是翻不過去，這個時候你不會看到會翻牆的狗罵不會翻牆的狗笨。相反的，會翻牆的狗往往會不斷地重覆翻牆的動作來示範給不會翻牆的狗看，直到有一天對方學會為止。」就正如我在這裡分享我的所知所學，但適不適用都決定在你。基於我對於每個人的靈魂導師都十分有信心的前提之下，我相信你只會吸引你需要的分享，而不會照單全收。

所以在靈性修行上，一旦了解了每個靈魂的獨立個體性，那你就更不會拿自己的想法強壓在他人身上。在宇宙底下這種強迫性行為其實是不適用的。就正如自然萬物要教導他們的下一代時，往往是透過示範以及重覆動作直到他們的下一代學會為止。所以同樣的道理，我們不應該只是一味地用嘴巴來教育小孩該怎麼做，而是更應該以身作則地以行為做示範。

其實很久以前在網路上看到「靈性傲慢」這個詞，讓我覺得它不只適用在靈性修行上，更適用在生活的各個角落。因為不只靈性會產生傲慢，就連養生、健康、專業……等都有可能會延伸出傲慢。有時候靈魂導師的話真的需要一段時間消化才能真正了解它的意思。就像人一旦覺得自己什麼都懂的時候，自然而然地就沒有再繼續研修的必要。一旦換個角度思考這個世界上還有許多值得學習的事物時，頓時生活周遭就轉換成了修道場，讓自己擁有更多的學習成長空間。

總之我想要說的是：人性一旦開始傲慢就會停止學習。所以如果要持續進化的話，就得要捉到人性偏向傲慢的習慣。學著讓自己退一步思考，並理解生活中的每一個人事物都有值得我們學習的地方，而不是讓人性的傲慢使我們停止前進喔。

Part

2

那些關於愛、自己和愛自己的事

問問題的力量

晚上跟朋友出去喝茶時，聊到每個人的身旁都有類似天使或是高靈這樣的角色不斷地給我們傳遞訊息，但即便如此為什麼有些人所得到的訊息還是錯誤的呢？這讓我有感地發現，一般稍有靈媒能力的人，所犯下的最大錯誤就是從來不去質疑「為什麼」。他們往往因為眼前出現的人是天使，就相信那是天使所帶來的訊息，抑或是看到菩薩顯靈就毫不質疑地言聽計從，只要那些訊息合情合理又像是在救助世人，就從來不會質疑他們的身分。但說真的，我也有看過魔化身菩薩講些合情合理的話啊，在這種情況下，這些訊息是否又是正確的呢？我們常常會過度依賴我們的視覺感覺，自己看到聽到的，用自己的宗教背景解讀影響之下，就認定那些訊息全都是真的，反而從來不去質疑。也正因為我們從來不去質疑為什麼，以致於我們沒有進化的空間。

我從小就是一個體弱多病而沒有很多機會去上學的人，所以一旦可以去上學，我就會忍不住地想要知道好多的為什麼。我的腦子總是對已有的答案質疑再質疑，也因為這樣的個性在學習的過程中氣走了很多的老師。然而，現在的我回頭看這一切，倒是很感激自己的求知欲並沒有因為環境的因素而改變。這也促使我在開發自己的能力之後，就更情不自禁地想要追根究柢，尋找問題的根源。如果你跟我一樣在亞洲成長，就應該清楚地知道亞洲有很多的迷信（例如：進廟裡不能踩門檻，或是女性經期不能拿香……等等）。小時候對這些「理所當然」的迷信有所疑問時，總是會被老一輩的人敷衍。他們總會說小孩子有耳沒嘴，不要問那麼多的問題，只要跟著做就對了。但誰叫我就剛好是一個沒有辦法「跟著做就對了」的人。就像人們叫我唸幾次大悲咒迴向時，我就會忍不住地質疑為什麼是大悲咒？為什麼要迴向？迴向又要做什麼？為什麼是這個數字而不是那個數字？作用又是什麼……等等。因為我從小一直被大人敷衍，加上內心反叛的個性，以致在修行的道路上，靈媒的能力愈是被開發，就愈想要自己去尋找答案。也因為這樣的個性讓我總是不斷地質疑靈修的路上所經驗以及體驗的一切。

我要說的是：千萬不要輕乎問問題的力量。因為它是一個充滿力量又可以為你的人生找到很多解答的思考模式。只要你真心地想要找到答案並去思考問題點在哪裡時，那麼答案自然會呈現在你的面前。當然，這個世界上有很多的人在問為什麼。例如：為什麼老天要這麼對我？為什麼我會遇到這樣的人？為什麼我的日子這麼苦？但這樣的「為什麼」其實只是單純地在抱怨，並不是真心地想要尋找答案。我所說的問問題的力量，是希望大家能帶著想要尋找答案的「求真」心態去問為什麼，那麼宇宙自然而然會把答案帶到你的面前。

小練習 跟他人互動，意識到自己憤怒的情緒時

你可以問自己：我為什麼這麼生氣？你可能回答：因為我覺得被他侮辱了。

接下來你可以再問自己：為什麼他的行為會讓我覺得被侮辱呢？你可能會說：因為他讓我回想起童年被父親瞧不起的感覺。

以此一層一層地去找到自己問題的根源究竟是什麼。

我常常鼓勵人們去質疑「為什麼」，因為好奇心會刺激自己的腦子去思考，而求知慾會幫助你找到答案。帶著這樣的心態所找到的答案才能夠成為你專屬的智慧，進而讓你運用在自己的現實生活當中，以幫助你訓練靈魂的肌肉。這一整個過程才是你的靈魂之所以成長以及進化的主要根據。所以不要總是期望別人給你答案，也不要覺得聽起來合情合理的事就一定是對的。不管聽起來再怎麼正確無誤的訊息，也要帶著質疑的態度去印證。這樣你才能夠真真切切地知道那樣的理論究竟適不適合你用。一旦合你用了，那才會是屬於你的成長。

人要好好地去面對自己的人生，活在當下，透過體驗以及感受來得到成長。任何的想法理念在還沒有辦法得到完全的實踐與執行以前，永遠都只是一個理念罷了。一旦你可以把一種想法與認知實際運用在生活之後，那麼那樣的理念才能夠轉換成智慧。亞洲的環境有很多的迷信與限制，人們常常在沒得到任何解釋的情況下，就被強制遵守某一種信仰以及行為，這樣的成長模式導致我們看到任何靈體以神佛的樣子出現時，就絕對不會去質疑他的真假。我希望大家能夠多多運用問問題的力量，即便遇到神也可以大膽地去質疑他的身分，而不是因為他的顯相就認定了他的權威。也唯有當你想要知道答案的時候，你才有辦法區分他們的差別。

除此之外，我也鼓勵各位廣泛地運用問問題的力量。不只是運用在感官之上，也可以運用在自己的情緒以及改進的空間上，除了追根究柢挖掘問題的根本，也可以應用在自己可以改變或是改進的地方。人生的路上難免有困惑的時候，學會運用問問題的力量（而不是抱怨），相信各位一定都可以找到讓人生更好的答案喔。

為什麼每一個人都恨我？觀念／看法的影響力

最近因為常常從女兒口中聽到「大家都這樣……」的句子，讓我忍不住想要跟大家分享。

我女兒口裡說的「大家」，說穿了其實也就那麼幾個。有時我想追根究柢，跟她討論如果只是暗指一兩個人的話根本就稱不上「大家」時，她就會惱羞成怒地說：「反正你知道我的意思啦！」只不過我雖然知道她的意思，卻不表示我認同這樣的存在。所以就藉此來跟大家談談觀念／看法的重要性以及影響力。

我之前提過，靈魂所安排的輪迴遠比我們想像中還要來得精密（包括靈魂要學習的功課、藍圖、平台、父母、兄弟姊妹以及靈魂伴侶……等等），為的是讓靈魂學到該學的功課，進而獲得領悟成長以及進化。在達到更好的標準以前，靈魂得要先調整好自身所需的觀念。因為若是觀念沒有產生或是設立的話，那麼在執行功課上就會沒有一個衡量的標準，未來也很容易因為沒有目標與方向而感到茫然。為了達到這個靈魂進化的結果，每個人身上所需要設立的觀念會依照靈魂的個別性而有所不同。所以這樣的觀念產生的最終目的不是希望你拿來指正別人該怎麼做，而是一旦這樣的觀念套用在你的身上時，你會有什麼樣子的作為。

舉例來說：每一個人對於美好家庭都有屬於自己的見解。有人認為那應該是有父母與小孩的角色，而且各司其職的家庭；有人認為只要有相愛的人就是美好的家庭；有人覺得單親家庭也可以是美好的家庭；也有人認為美好的家庭可以是多元的。觀念產生後一般會促使兩種行為，一是將這樣的觀念轉化成動力，促使自己努力達到那樣的境界。而另一種則是因為觀念產生所延伸出來的反抗心理（例如：我並不想要成為這樣的人……），進而促使人們去克服內心的抗力以達到他們想要進化的結果。所以總括來說：獨立觀念的形成是為了幫助你的靈魂進化，而不是讓你拿來強制要求他人的標準。由於每一個靈魂的獨立個體性的關係，每個人的功課與平台不會一樣，就連學習與領悟的方式也不盡相同。也就是說，你觀念裡認為是好的東西，不一定適用在別人身上。就正如你所認為的美好不一定等同於他人認知裡的美好一樣。

我們之所以有觀念的產生是為了讓自己進化，所以它不一定適用在他人身上。也因為如此，我們一直以來信以為真的觀念不一定是對的，也很有可能是錯的。重點是，那些觀念都是以自我主體為出發點，以帶領我們朝著更進化的方向前進。這跟我女兒覺得「大家都是這樣的……」的認知是一樣的意思。也就是說，這只是她個人這麼以為的觀念，但事實卻不一定如此。當你一味地認為全世界的人都討厭你的時候，想想看自己是否實際地去跟全世界的每個人說過話了？一旦當你走出了自己的認知去體驗真實，你就會發現這個世界上喜歡你的人可能遠比討厭你的人還要多很多。

拿我來舉例：我黝黑的皮膚以及高壯的體格讓我在亞洲的成長環境下常常感到格格不入，日積月累不自覺地也產生了「全世界都不喜歡我」的觀念，以致於我花了很多時間在隱藏自己。一直到我搬到國外居住以後，這才驚覺自己的膚色在國外其實是吃香的，而一直以來困惑我的高壯體格原來在國外也只是常態。所以我要說的是：當你的觀念讓你覺得自己沒有辦法融入一個社區或族群，進而覺得自己不被這個社會所接受的時候，這個認知可能不是真的。這樣的鋪陳可能只是為了讓你學會如何愛自己，以及欣賞自己的一個練習平台。因為一旦你走出舒適圈去認識這個世界，你就會發現世界上充滿各式各樣的人種，而欣賞你的可能遠比排斥你的人還要多很多。我們一直覺得的格格不入並不能代表我們的未來，那可能只是促使我們去尋找真正屬於我們的地方的推力罷了。

一旦你開始了解自己的意識所產生的只不過是一個觀念或看法，在不確定它是否正確的情況下，需要透過自己走出舒適圈外去印證，那你也會慢慢地發現，那些一直徘徊在腦子裡的自我攻擊不一定是真的。特別是當我們認定全世界的人都討厭我、恨我的時候，也不是必然的。因為你在有限的範圍裡所感知的世界並不能代表這世界的每一個人。世界很大，什麼人與種族都有，既然有討厭你的人，就自然會有喜歡你的人。之所以感覺被排擠，是因為你還沒有找到那個屬於你的地方。

所以，觀念的形成其實是很重要的。因為你會慢慢地發現在人類進化與輪迴的過程裡，我們會常常受這個由意識所產生出來的觀念所牽動，來決定自己的好壞。就我的觀察發現，有時候觀念上的差距會間接或直接地影響到很多的疾病產生。而受到觀念影響最直接的，可能就是憂鬱症或躁鬱症等心理疾病。基本上就是當你的意識所形成的觀念與你靈魂的主體（也就是當你這個靈魂投胎時所帶來的個性、信念、信仰、喜好等的中心信念）差距太大時，你就會很容易得到憂鬱症。因為現實的期望與內心的渴望差距太大時，會讓人有種無能為力感，進而開始有放棄努力的念頭而產生憂鬱。

我希望大家花點時間審視一下自己的觀念以及看法的實際性。觀念的產生是為了讓靈魂自身進化或是藉此激發自己前進的動力，但那不一定適用在他人身上。有時候強行將自己的觀念壓迫在他人身上時，可能容易產生衝突，因為那建立在獨立個體所產生的不適用性。我發現一般大眾很容易因為周遭的人而產生「大家都是這個樣子」的錯覺，進而用那樣的標準來批判自己。就像我女兒在學校裡長期與矮了她半個頭的女生同學交往，久了以後她就認定自己人高馬大而習慣性地走路彎腰駝背。一直到她參加排球隊之後，她才終於意識到自己的身高只是常態，進而改掉彎腰駝背的習慣。有時候周遭環境的格格不入並不表示你是有問題的，只要稍微了解觀念之所以存在的目的，我相信你們遲早會找到屬於你的地方。這個尋找答案的過程才是我們的靈魂之所以進化的道路。相信全世界的人都討厭你，只會讓你更躲進自己的恐懼黑洞，真的走出去見識到廣闊的世界，才會開始意識到這個世界的愛永遠是大過於恨的喔。

被附身的原理

一般人認為「被附身」指的是一個人的身體被另一個靈魂占據。身體一旦被占據以後，就會被侵入的靈魂為所欲為地使用以及操控。若是有長期追蹤我的部落格的人應該知道：這樣的事情不太可能會發生。

在早期靈魂還沒有那麼聰明以前，未昇華的鬼魂很容易受到生前的意識影響，而誤以為自己只需要透過占據任何一個人的身體就可以幫助他們完成生前的遺願。但如果你了解靈魂鋪陳輪迴的精密性，那你也就清楚地知道每一個人的身體都是經過靈魂導師精心策畫以及量身訂做的，為的是要能夠幫助每一個特定的靈魂來克服他們的功課以達到他們的人生目的。因此，量身訂做的身體並不適用任何一個靈魂，任何的靈魂占用了你的身體都會覺得十分的不適用。就好像穿了一件過小的衣服，會讓人渾身不舒服，想要盡快脱掉的感覺一樣。這也是為什麼當你們在看類似《大法師》的電影，或是聽過、看過的一些都市傳說，被附身的身體似乎都有自殘、全身扭曲或是面目猙獰的傾向。這主要來自於侵入的靈魂沒有辦法與宿主的身體產生連結而造成極大的痛苦。也因此，「附身」反而讓他們沒有辦法去完成遺願，或是任意操控這個身體。

我要説的是，認為一個靈魂可以占據一個人的身體進而執行完全的操控，是件不可能的事。即便發生這樣的事也會有非常明顯的徵兆。也就是因為極大痛苦所產生的不合適感會非常的明顯，就猶如穿了一件裡面佈滿針的衣服一樣，侵入的靈魂會陷入水深火熱當中。現在的靈魂因為知識進化的關係，已經清楚地知道這樣的觀念並不可行，而會試著以操控你的心智來取代實體附身。也因此，一個愈自卑、愈沒有自己聲音的主體就愈容易受到操控。他們會錯把他人的想法當作自己的聲音，甚至讓你以為那是你自己的意識所產生的行為，進而來做到他們想要完成的事。也就是說，現下大部分的「附身」並不是真的占據你的身體，而是透過讓你主體的聲音變小或是讓你失去自己的聲音，以方便他們可以用自己的聲音來取代你的意識，進而達到操控的目的。這也同樣適用在惡魔或鬼要你為他們做事一樣。

也因為這個道理，所以當一個人很清楚地知道自己是誰，並對自己的身體有覺知時，他被附身的機率就不大。因為他會很清楚地知道此時此刻的這個身體是為自己量身訂做的，並不適用任何的靈魂。就算有任何的靈魂有意識想要侵占，他也會明確地感覺到異物感，而在當下取回自己的主權。在靈魂底下有一個很清楚的觀念，那就是「當你清楚地知道自己是誰，他人就不能隨意地侵占」。即便如此，還是會有不少人來告訴我「他們並不知道自己是誰」。但重點是，你可以不知道自己是誰，可以成為誰抑或是變成怎樣的人，但是你一定要知道這個身體是只屬於你的。只有你可以使用，而不是任由他人隨意支配的。當你有如此強烈的自覺時，那麼其他的靈魂就沒有辦法隨意宣稱主權並占有你的身體。

同樣的理論也適用在Schizophrenia（思覺失調症，以前被稱為精神分裂症）患者，一個可能因為自卑、膽小或是對自己不確定的靈魂在放棄了自己的聲音之後，便容易受到其他外在聲音所取代，進而去做那個聲音要求他做的事。雖然之前有說過沒有人是迷失的靈魂（建立在有身體的狀態下），但那並不表示這宇宙裡沒有這樣的空間。在一個無邊無際的次元裡專門收藏著一些在進化過程裡迷失自己的靈魂，他們可能暫時忘了自己是誰，也不知道為什麼存在，或是在修行中成了一種人不人、魔不魔的存在。在這個充滿著不同次元存在的空間振動，很接近Schizophrenia（思覺失調症患者）的振動，也因此成了他們最常連線的頻道。我們認知的線型次元在靈魂底下是不存在的，它如同時間一樣是重疊的。也就是說，我們其實是存在於同一個空間，只不過因為我們的振動頻率不一樣所以感受不到彼此的存在，就如同過去、現在、未來是同時存在的意思是一樣的。與這個迷失的次元連結會讓人的心口有缺一大塊的感覺，進而感到全身無力。等同於人們不相信自己的時候的感覺。相對的，與迷失的次元連結的

Schizophrenia也會有相同的無能為力感，這也使得他們成為最容易受操控的對象。

總結來說：人們觀念裡以為自己的身體會受到外靈的侵入，進而變得無法掌控自己的身體的「附身」，基本上是不存在的。現下大部分的「附身」其實是透過意識操控進而達到支配你的身體的目的。如果了解這個道理的話，就會清楚地知道這是有解決方法的。你可以嘗試著把自己身體的主權找回來，找到自己的聲音，做一些自己喜歡做的事，當一個靈魂開始喜歡自己的時候，他也會漸漸地產生自我意識感，進而拉回自己的主權。

若是你的周遭有這種情況的朋友，你可以多花點時間幫他們找到自己。若是你覺得身陷其境的話，那麼你可以先學著使用一些可以鎮定自己的情緒與心智的方法，讓你先遠離恐懼。可能是透過宗教的輔助或是任何醫療的幫助，但重要的是先找到讓自己的心情平靜的方法，好讓自己遠離那種害怕被附身的恐懼，然後再慢慢地開發自己的喜好與興趣以穩定自己靈魂與身體的連結。記得，這是專屬於你的身體，不要一味地賦予恐懼力量，而是要找回你身體的主權。因為當你愈來愈了解自己，自然而然地，就沒有任何的靈魂可以任意操控你做任何事喔。

回答一些關於附身的問題

台灣有很多神明上身的現象，甚至有人為此被培養成乩童，也是附身的狀況嗎？

是的。基本上都是一個靈魂願意讓別的聲音來支配自己身體的現象。

可是他們看起來並沒有不舒服的感覺。是不是因為他們是神明的關係，所以才沒有這樣的問題？

不管是誰，只要占用不屬於他們的身體就會有嚴重的不舒服感。這些「被附身者」之所以沒有不舒服的異樣，主要是因為他們的身體並沒有完全地被占用，而是透過新時代的附身，也就是退出自己的聲音，讓別的聲音支配自己的身體。很多的乩童會拿利器自殘以證明自己是被神明保護的，但這其實是因為他們抽離自己的感官好讓其它的意識可以支配自己的身體，這使得他們在做這些自殘的動作時其實是感覺不到痛的。

不過，我想要補充一點：我之前說過一個靈媒的能力決定於他的教育、文化、背景（這在我身上也是同樣的意思）。就我目前為止的觀察，一般宮廟裡的師兄、師姐們在傳達訊息時，其實還保有他們的個人意識。

也就是說即使他們是神明的代言人，但只要他們像我一樣是個主觀意識強的人，那麼他們所傳達的話裡就一定會參雜他們的個人意見。這也是為什麼我之前提到觀念／觀點的重要性，你們會慢慢地發覺它所影響的層次真的很廣。因為不管是經文、轉述經典，或是任何神明說的話，只要是人寫、說的，那絕對會參雜著那個傳達者的主見，所以即便是替神明說話的人，都需要將傳訊者的背景考慮進去，只要多花點時間觀察，應該都可以分離出人的觀念喔。

高等靈魂也有使用人體的需求嗎？

是的。因為有靈魂的實體（不侷限在人）可以對這個宇宙所產生的實際影響力其實是遠大過於單純靈魂的。這也解釋了為什麼神明、魔似乎都還需要找人來幫忙的需求。要不然，假若他們真的那麼神通廣大又無所不能的話，為什麼還總是需要信徒的追隨崇拜？這是不合邏輯的。有實體的靈魂可以創造出來的影響力絕對是大過於我們可以想像的。這也是許多靈魂想要支配實體的主要原因。

如果照這個情況來看，那麼所有宗教的修練，像是靜坐、禪修、禱告、膜拜……等，都是把人的聲音縮小，退到幕後的訓練吧？所以是否是這些神佛等的高等靈魂為了得到大批可利用的身體而進行的巨大陰謀？

關於上面所提到的每樣宗教修練，若是做得好的話，其實不會讓人的聲音縮小，反而會更加地穩定你的能場，讓你覺得安心才對。就像大部分的人在禱告後會有種安心感一樣，這種安心感其實會讓你的靈魂更加地連結你的身體，而不是縮小你的聲音。所以用「陰謀」兩字真的太誇張。我個人覺得它比較像是一種交易。因為其實不管是神或魔，都需要跟宿主達到某種程度的共識後，身體才會決定被利用、代言或是為其辦事等等。所以我不覺得宗教的修練是種陰謀。因為所謂的附身是沒有辦法在你不同意的狀況下運用你的身體，只是看你如何被說服與利用罷了。我們其實都是建立在某種實質上或是精神上的利益交換，才會決定出讓自己的身體。正如那些宣稱讓神明附身跳仙女舞的人，一定是潛意識地認為這樣的行為能夠抬高自身的價值才會執行這樣的動作。所以不管是實質上或是精神上的，一般都是達到共識後，才會選擇讓另一個意識支配自己的感官。

所以魔和神附身的差別是不是建立在恐懼與否的差別之上？

我曾說過魔有很多等級，有些甚至可以化成神的模樣，讓你不會有恐懼的感覺，透過利益來操控人心。他們大多很有操控人心的技巧，知道你想要什麼、不要什麼，以及利用你的個性與欲望來誘使你做他們想要的事。所以我不會說附身是完全建築在恐懼與否的差別之上。正如我在前文所說，了解自己的價值，知道你的存在是為了幫助你克服功課以及完成目的，那才是重要的。一旦你對自己的存在價值有很紮實的基礎之後，你就可以用比較客觀的立場去觀察這些蛛絲馬跡，也比較不容易被利用。因為你對凡事都會有質疑，也會讓求知欲帶領你尋找答案。

有些人患有憂鬱症的時候會聽到一些不好的聲音。這也算是靈擾的一種嗎？

是。憂鬱症的產生是因為意識觀念與靈魂本質產生太大的差距，因為失去自己存在的價值而感到憂鬱。換句話說，也就等於這個靈魂已經放棄了主體存在的意義。在這樣的情況下，本來就比較容易接收到那些負面的聲音。這也是為什麼有很多憂鬱症患者常常會突然做出一些讓人出其不意的舉動。因為他們對於自己的存在價值產生了很大的懷疑，間接地放棄自己身體的主權，以致於任何人都可以支配他的身體，聽到的聲音自然也會比較多一點。

有很多方法可以幫助你觀察一個人是不是「被附身」，除了之前所說的身體不適感之外，大部分其實是透過意識控制，也就是讓主體的聲音退下後，進而取代主體的意識進行操控。雖然脫序的行為常常會讓身旁的人不知所措，但即便如此也永遠不要產生「我不知道該怎麼辦」的感覺，也就是 There's nothing I can do（沒有我可以做的事）。因為你的想法會創造出你的實相。所以你千萬要相信這世上的所有事情都有解決方法。就拿附身來說，如果全家人都覺得一個人一旦被附身就沒有任何他們可以做的事情的話，那麼基本上他們心態上就已經放棄了這個人。在這個人選擇拋棄自己，而家人又拋棄他的情況下，被附身的狀況只會愈來愈糟。所以如果你是家人或是朋友的話，就千萬不要有這樣的想法。你們永遠可以從眼裡看到真相，因為當一個靈魂退居腦後，讓另一個靈魂來操控他的身體意識時，他的眼神會失焦，就像是一個人放空失神的感覺一樣，所以這個情況下，你要想辦法把他叫回來，讓他的眼神對焦。若是眼神沒失焦卻還動不動就聞風亂舞，那基本上佯裝的可能性會大一些。所以如果你察覺到身旁的人眼神失焦時，最好的方法是把他們叫回來。這絕對會比你說服自己「我不知道該怎麼辦」還要來得有幫助喔。

一個由內在小孩掌控的人生

我們每個人的內在都住著一個小孩。至於這個小孩是怎麼來的？基本上他就等同你這輩子的人生功課。我在上一本書《你，是自己的鑰匙》提過「人生功課」之所以產生的因素，靈魂往往要克服了人生功課之後才有辦法去完成他的人生目標。也就是說，這個人生功課什麼時候成形，內在小孩也就什麼時候產生。一般人的人生功課會在約莫五到十歲左右成形，之後我們就會讓這個內在小孩進駐到心裡，也會在不自覺中讓他掌控我們的生活。不管你的人生平台怎麼安排，在五到十歲之間所發生對你影響最深刻的事，基本上都是為了讓這個內在小孩產生。也因為他的產生，讓我們反射性地想要保護自己內在那個脆弱的小孩，而開始學會武裝、防衛自己。在我們小心翼翼地想要保護自己不受到任何傷害的同時，也賦予了內在小孩所有的權力來支配我們的生活。不管多成功的人都一定有個內在小孩，只是每個人偽裝的方式不同，使得有些人絲毫無法令人察覺，或是有些人顯而易見。

拿我來舉例好了：我的內在住著一個深信自己沒人要的小孩。這個內在小孩常常會透過我的感官來證明這句話是真的。有時候可能只是一個眼色，有時候也可能只是他人無心的一句話，但由於內心總是在尋找著自己沒有人愛的證據，以致於每當有足以證明這樣的事情發生，就會不自覺地上演一齣內心戲。他會說：「你看，我就是沒有人要的！這又是件鐵一般的證明。」說真的，那感覺就像是小惡魔在你的內心跟你對話一樣。

每一個人都有個內在小孩，而每一個內在小孩都帶著一句深信不疑的話做為他人生裡的黃金準則，進而被這個準則支配自己的生活。通常這個句子都是以「我」做為主詞，像是我是沒人要的，我不夠聰明，我沒人愛，我不夠好等等。這個句子一般只會與自己有關，而不會跟任何人扯上關係（不會是因為別人怎麼樣，所以我才會這樣之類的句子）。大部分的人一旦很清楚地知道自己的內在小孩，通常就會很清楚地知道自己人生功課的方向。相對的，若是找不到自己的內在小孩（其實大部分的人都認為自己根本沒有所謂的內在小孩），那麼他在所謂的人生功課上面就比較容易感到茫然。

內在小孩其實不難找。一般當你發現自己的內在又有小劇場產生的時候，你可以花個時間與自己內在的那個小劇場對話，應該就可以幫助你找到一些蛛絲馬跡。

小練習 找尋內在小孩

當內心有小劇場上演時，你可以問自己：「你為什麼這麼難過？」之後，你或許會回答：「因為他講的話很傷人，我覺得自己被傷害到了。」

緊接著你可以再問自己：「為什麼你會覺得他講的話很傷人？」然後你可能再回答：「因為他的表情和說話的口氣就是那個意思。」你可以再問：「他說話的表情與口氣是否讓你記起了曾經被傷害的場景或經歷，所以才會讓此刻的你覺得被傷害到了？」

以此類推。通常只要連續問五個問題之後，一直深藏在你心裡的那個小孩就會像是讓人剝洋蔥般地無所遁形。

我們都知道在現實的世界裡，如果一個家總是讓小孩子來決定所有的事情，那麼這個家就很容易變得混亂不堪。所以如果你覺得自己的生活一團亂，又老是抱怨日子很難過，那麼絕大的機率是因為你允許內在小孩來掌控自己的生命。因為他們既脆弱又敏感、意見超多、觀念不正確又老愛無理取鬧，因為允許他們的為所欲為，以致於自己的判斷力都會不自覺地受到影響而反映一個小孩的思維。

所以我要說的是：每個人都有一個內在小孩。如果你花點時間觀察自己的內心，就應該會發現這個內在小孩其實挺常出來決定你的人生，因此，一旦你捉到這個小孩子，我建議你好好地坐下來跟他聊個天。那其實就像父母捉到小孩子出錯了一樣，你會試著好好地跟小孩子坐下來討論為什麼會發生這些事，以及日後要如何避免或是處理一樣。我知道有時候這些內在小孩的內心小劇場真的太強大，以致於讓你心力交瘁，任由他大哭大鬧（有些人可能反而選擇什麼話都不說，有些人會選擇大吃大喝，有些人則是不吃不喝）。雖然每個人反應都不一樣，但是相同的是，這個內在小孩是只有你可以馴服的（而不是一味地期望他人的改變來安撫你的內心），方法就是多花點時間與他聊天，共同討論出解決現實生活問題的方法。要是有時候真的累到不想要理會他也沒有關係，只是事後還是要找個機會好好檢討自己的行為是否有任何改進的空間。與內在對話的目的不是為了讓他人覺得更好，而是讓你的靈魂變得更棒。常常與自己的內在說話會讓你的情緒整體趨向於穩定與平衡。每一次的檢討與糾正也會透過一次又一次的錯誤而慢慢地得到改進，藉以調整自己的心態以及減少小劇場的產生，而非總任由你的內在小孩在內心大演八點檔，並真的相信這個世界上沒有人愛你。惟有習慣了內在小孩那種誇大的語氣來掌控你的生命，才容易讓人覺得生活動蕩不安喔。

總結來講，內在小孩就是你的人生功課所設定出來的小孩。基本上只要你的年紀愈大，用字詞彙愈多的話就愈難發現他的存在。也因此，年紀愈小愈早發現愈好。不過事實是，不管你在什麼年紀發現這個小孩，你都可以坐下來好好地跟他對話。與他對話的目的不是為了讓別人的日子更好，而是為了幫助你的靈魂到達一種情緒平衡的境界。而後你才能夠以客觀的角度去判斷事情，以達到進化的空間。因為是個小孩的關係，這個句子通常與你有關，以「我」為開頭，並不會超過五個字喔。

你願意為你的夢想犧牲多少？

我曾經跟老公聊天時提到：你多願意為一件事情犧牲的程度，取決你有多麼想得到那件事情。如果你想要有完美的身材，那麼你就會願意不計一切辛苦地去練就那樣的身材。如果你很想要成功，那麼你不管跌倒幾次都一定會強迫自己站起來。如果你不願意為那件事做任何的犧牲，就表示你其實並沒有那麼想要那件事。

在諮詢的過程裡，很常有人會跟我描述他們有多麼地想要一件事（可能是愛情、金錢或是健康），但每每我要求他們做一些事情來達到他們想要的目標時，他們又總是會有一堆的藉口推拖。最常見的藉口就是「我沒有時間」。就像我老公常說：我有很多想做的事，但是我沒有那麼多的時間。在這個情況下我通常會回答：那表示你其實並沒有那麼想要，這些事對你來說並沒有那麼重要。但他（就像是我大部分的客人一樣）會說：它們對我很重要，只是我真的沒有時間。

相信我，你真的沒有那麼想要。如果你真的那麼想要這件事情發生，你就會想盡辦法找出時間，不管再辛苦再累你都會去做。因為當人們有一個夢想、渴望、需求的時候，真正驅動他們前進的不是時間、金錢或是任何外在的因素，而是內心的靈魂因為這樣的未來而被激發出來的動力。這種動力會讓人一早起來就精神滿滿地忍不住去做這樣的事，也會讓人半夜睡不著覺地想要把這樣的事情完成。因為靈魂知道這些事對於自己成長的重要性，以致於那樣的目標會不斷地促使著我們前進。

然而大部分的人腦子裡的「重要性」一般是受到環境、社會、背景、文化等等的影響所產生的優先感。它們大多是外在對我們的期待，是意識所產生出來的需求，或是因為不安全感所延伸出的渴望認同感。這導致當我們嘴裡說著「它很重要」，心裡卻總是感到力不從心的原因。也因此，「沒有時間」就成了我們最好的藉口。特別是當這件重要的事又與我們過去的失敗經驗有密切的關聯時，我們就更難說服自己去執行了。我常說一個人如果習慣用過去經驗來創造未來的話，就一定會創造出跟過去一樣的未來。若你的過去經驗多半是失敗的話，那你絕大多數的時間會說服自己未來也一定會是失敗的。

為了要拋棄那樣的設定，最好的方法是在你的未來設立明確的目標，然後再一步一步地往回思考每一個階段的你，包括現在的你要做到什麼樣的程度，未來才可以達到那樣的目標。也因為目標明確又有遵循的方向，那麼現在的你才有辦法學會拋棄過去的經驗，像導航一樣有個確切的方向可以按部就班地去執行那些對你來說重要的事。也唯有當你開始創造出「我好像可以」的感覺之後，這樣的目標才會成為你可以自動自發的動力來源。這一般需要至少九個月左右的時間。

所以，在你又聽到自己滿是理由藉口辯解著為什麼到現在還沒有辦法讓這件重要的事情（也可能是你的夢想）發生時，好好思考一下這件事對你來說真的重要嗎？如果真的重要，那麼現在的你又願意為它犧牲到什麼樣的程度來讓它發生呢？

「愛自己」的概念

我覺得東方人的教育相對於西方人來說是比較壓抑的。當西方的教育制度總是鼓勵人們發表自己的意見與看法，東方的教育總是以大局為重，不要想到什麼就說什麼，或是太過於以自我為中心地去要求。在過去這麼多年的諮詢當中，我就發現東方人一般來說比較難理解「愛自己」究竟是什麼樣的概念。

大部分的人認為「愛自己」就是滿足物慾上的需求。給自己買很好的東西、吃很貴的食物，甚至放任自己的奢華就是一種愛自己的舉動。但事實上「愛自己」其實是件與任何的外在物質無關，而是與你的內在息息相關的舉動。

幾個禮拜前，我和一個五十幾歲的朋友喝咖啡。她自從結婚以後就常常得忍受對方的家庭暗箭傷人。她的老公雖然知道這個狀況卻從來沒有盡到保護她的責任，以致於這個朋友選擇隱忍到小孩子長大獨立後就離婚。這讓我想起了童年記憶，我的父親也會家暴，有時還會抓著我媽的頭去撞牆撞到流血。如果當初我媽拿著「為了小孩」的名義硬是強迫自己跟我爸住在一起的話，那麼我相信今日的我就不會是我，而是早不知道進了幾次感化院的人了。

很多父母會認為要為小孩子犧牲自己的幸福。所以即便婚姻面臨家暴或是言語霸凌，都會選擇給小孩一個看似完整的家庭而忍耐。喝咖啡的時候我問了朋友：「如果今天是妳的女兒被家暴，妳也希望她忍耐嗎？」朋友回答說：「我當然會希望她離開。」這麼理所當然的答案讓我不禁質疑：為什麼人都知道要保護自己的女兒，卻不知道要保護自己呢？

身為父母的我們總希望把最好的給小孩子，卻常常忘了自己才是小孩最好的榜樣。如果你把小孩子放在一個人們常常互罵的環境裡，他就會覺得罵人是一件理所當然的事。如果你把小孩子放在一個父母天天爭吵的環境，小孩子長大結婚以後，他自然也會覺得天天爭吵是件再平常不過的事。同樣的道理，當你允許自己忍受另一半的言語霸凌與肢體傷害的時候，你的小孩自然而然地也會覺得自己在婚姻裡就是要委屈自己（抑或是壓迫另一半），不是嗎？

當我建議你要「愛自己」的時候，其實是希望你能夠把自己當成自己的小孩對待。即便你今天不是個父母也沒有小孩，那麼就想像同樣的處境發生在你最喜歡的人或是貓、狗、寵物身上的時候，你是否會有不一樣的反應？若是有人傷害他們，你是否會允許這樣的事情發生？若是有人濫罵、貶低他們的時候，你是否也可以接受？如果你的答案是否定的，那麼現在的你又會怎麼做呢？

有些時候當我建議客戶要愛自己，也有人會義正辭嚴地告訴我：「有啊！我都會叫我男朋友幫我拿東西，讓他伺候我、幫我折衣服……」聽到這樣的話，讓我感到有點哭笑不得。中國人有句話叫作「己所不欲，勿施於人」，也就是自己不想要的事物不要加諸在他人身上。當一個人徹底地了解「愛自己」的同時，自然而然地也會明白如何尊重他人。

「愛自己」這件事其實建立在很大的尊重平台上。這也就是說，當你懂得愛自己的時候，你不只會尊重自己是個獨立個體，同時你也會尊重別人是個獨立個體。在靈魂進化的路上，「愛自己」是門基礎課程。因為一個不懂得愛自己的人根本沒有辦法去愛別人。所以如果你還不知道「愛自己」該怎麼開始著手，那我會建議你先從照顧好自己的身體開始，吃對身體有益的食物，做一些可以幫助身體強壯的運動。除此之外也要懂得保護好自己，懂得拒絕忍受他人的攻擊，抑或是選擇離開傷害你的人⋯⋯。因為有些時候，「離開」本身就是一門功課。學會在精神上、心理上、身體上照顧好自己才是「愛自己」的重要基礎喔。

用願景板來開始你新的一年

相信大家都聽過願景板與吸引力法則吧。很多有關於吸引力法則的書都會建議你，製造吸引力法則的第一步就是為自己創造一個願景板，把任何你想要的東西都貼放在願景板上。只不過多年下來，我發現大部分的人在願景板上放的都是他們覺得遙不可及但又想要的事物。在本質上，他們並不真的認為自己有得到那些事物的一天。例如：我想要這間天價的房子跟那輛限量版的跑車，這基本上就是以每個人都期望抽到彩券最高獎額的心態在製作願景板。也因為如此，我常常聽到人們抱怨自己的願景板根本一點效用也沒有，或是自己明明跟宇宙下了訂單卻沒有得到任何回應。這也是為什麼我想跟大家解釋一下願景版的目的與作用到底是什麼。

「願景板」並不是「夢想板」。所謂的夢想板（Dream Board）就是一個讓你做夢的地方，讓你可以把任何「你想要的東西」都放在上面，不管是真的還是假的，可得到的或是只有夢裡才會出現的都可以放在你的夢想板上。然而願景板在英文裡叫作「視覺板（Vision Board）」，也就是說你必須要可以Visualize（視覺化）它的存在，更重要的是能夠感受到自己實際擁有它會是怎麼樣的感覺。

在我多年的觀察下，「願景板」其實分兩種。有些人並不需要一個視覺板來提醒他們人生要什麼、是什麼。這樣子的人多數是設計家、藝術家、作家、音樂創造者，因為他們本身就很有想像力，直覺力也比邏輯力還要來得發達，往往可以清楚地知道「這是我要的東西」、「我要創造出這樣的東西」。由於內在強烈又鮮明的影像驅使，這樣子的人通常不需要視覺上的願景板。

然而，對於缺乏想像力或是人生缺乏明確方向的人來說，「願景板」就是一個非常實用的方法。這樣子的人一般沒有辦法憑空想像，即便適合他的衣服明明白白地呈現在他的面前，他也不能想像穿在自己身上會是什麼樣子。願景板對於這樣子的人的作用其實會比較大一點，因為他們可以透過圖片、影像或文字來刺激他們的想像力。所以與其說願景板是個夢想板，倒不如說是個提示板還要來得實際一點。

但即便是想像力豐富的人，我也會建議大家有空的時候為自己創造一個願景板。正如上個段落所說，願景板的目的比較像是個提醒，幫助你更確定未來的目標在哪裡。只是你必須了解這個願景板上放的並不單單只是你「想要」的東西，最好是你覺得自己觸手可及、甚至可以視覺化自己擁有它的實質感覺的東西。

當然還是會有很多人說：「我不管貼什麼東西都從來沒有實現過啊。」這最主要的原因其實在於「你並不真的相信自己可以擁有它」，要不然就是你所要的東西背後帶有太多的「附加條件」。像是：如果我擁有這麼多的錢就不會讓人瞧不起，或是：我今天如果擁有這樣的身材就沒有人會笑我……等等。這樣的句子都是參雜附加條件的。因為物質本身並沒有任何的意義，但擁有者的心態卻會決定這個物質本身的價值。今天如果你是帶著附加價值去創造你的願景板，那與其等待物質的發生，你第一個要去處理面對的應該是自己的心態。總而言之，我要說的是願景板上的東西不應該改變你這個人的本質。就像是今天不管我在願景板上放了什麼東西，都不會改變我這個人的價值，也不會讓我這個人變得更好或是變得更糟。

小練習 試著做出自己的願景板

你放在願景板上的東西最好可以遵守這些規則：

第一，你必須要能夠想像自己擁有它或是視覺化它的存在的東西（最好是以現在的狀況仍能夠規畫出擁有它的路徑的事物）。

第二，它必須沒有任何的附加條件。所謂附加條件就是當你在擁有之後，就會改變你的生活品質或是個人本質的事物。唯有當它沒有任何附加條件的時候，你才可以真實地感覺擁有它是什麼樣子。因為這樣東西的存在就像你擁有自己的名字一樣，你不會因為這名字而變得更好，但你可以讓這個名字變得更好一樣。

正因如此，你們才會常常聽到我提醒「愛自己」的重要。因為這樣的感覺跟你的本質很像。你必須要懂得照顧自己、尊重自己、保護自己，你的靈魂本質主體才會有穩定感、安定感。當足夠的穩定感、安定感讓自己的能量愈來愈強大的時候，你才可以散發出比較強大的能量去吸引這些你想要的東西進來到你的身體。這建立在相同頻率會互相吸引的定律之上。

由於它是一個循序漸進的功課，所以你不用一次急著把所有的功課做完。你可以先學會怎麼愛自己，然後在這個同時為自己設立一個願景板，想像自己可以成為怎樣的人。然後再藉由願景板的提醒與暗示，慢慢地讓自己朝著那樣的未來前進。

願景板上不一定是要物質性的東西，也可以是一個情境、一句激勵人心的話或是一個每每你看到就被激勵想要成為他的偶像。假設你想要活在一個沒有壓力的世界，沒有壓力本身可能沒有物質化，但你卻可以想像什麼畫面是讓你最感到沒有壓力的。你可以開始想像那樣的世界會是什麼樣子、什麼樣的感覺，並想像自己可以怎麼執行與規畫自己的人生以到達那樣的境界。一旦自己的目標明確，那麼未來在執行功課即便遇到困難時，也能夠再堅強地站起來，並信任那樣的未來一定會發生喔。

讓我們來討論吸引力法則吧

在上一本書中有跟大家討論過「靈魂」。靈魂基本上就是一個有意志的能量體。對我來說：當靈魂進入到身體以後就像是一個會走路的燈泡。由於靈魂的能量以及其影響範圍遠大於它的身體限制，所以我拿「燈泡」做為舉例。

除此之外，我也提到所有的存在都是一種振動與頻率。姑且不論這宇宙底下的所有存在都是一種振動，任何靈魂間的互動（包括與人、大自然、動植物……等）全都是一種振動頻率相吸與相斥的結果。也就是說你個人的頻率與振動會決定你所吸引的人事物。

假想每一個有靈魂的身體都是一顆會走路的燈泡，他自身的能量會遠大於他身體的限制。那麼他所散發的能量以及可影響的範圍就會決定在他個人內在的「靈魂主核心」是什麼。這就相對於燈泡瓦數的意思。也就是說瓦數愈高，所影響的範圍自然也就愈廣。

我個人比較喜歡用科學的方法來解釋抽象的東西。所以我今天要用科學的角度來解釋吸引力法則。

吸引力法則其實並不是一個很特別的東西、也不是一個很特別的專有名詞。你可以試著把宇宙的萬物想像成一面水池，當你朝水池裡丟進任何的東西都會產生漣漪並擴散出去，而這個漣漪一旦觸及到物體時就又會再振動回來。靈魂的頻率振動其實就像是水面漣漪的運作方法。也就是說你以什麼樣子的頻率在振動，你就會得到相同的振動回應。希望這個舉例可以幫助你們的視覺想像。

常常有人問我：「我的人生想要擁有這樣東西（人、事、物），但我怎麼也得不到」、「我希望大家來愛我，但為什麼他們反而討厭我」……等。這些問題的運作重點基本上就是上述的原理。第一，吸引力法則不應該牽扯上另一個同樣有靈魂的身體（這個我們以後再談）。第二，它不是決定在物質本身，而是你的內在所散發出去的頻率是什麼。也就是說它不取決於你這個人的外表與外在條件，而是你內在的附加價值是什麼。舉個例子來說，如果有個人花費大半的心思在外在，但他的內在卻非常討厭自己，那麼不管他的外表打理得多麼好，他的內在每天所散發出來的其實是「我很討厭自己」的頻率。也因為這樣的頻率，導致宇宙會不斷地回應更多讓他討厭自己的人事物，以證明他內在那個討厭自己的句子是對的。

很多時候當我們在談吸引力法則，大家總是抽象地形容什麼該寫、什麼不該寫、什麼要記得、什麼要忘記等等，書裡一堆要與不要做的事，以致於人們始終搞不清楚自己應該做什麼。其實「吸引力法則」建立在一個很簡單的原理，那就是：你的核心是什麼，你就會得到相對應的物質。所以，你的核心如果是愛自己的，那麼愛自己的這種頻率，就會讓靠近你的人情不自禁地受到影響而喜歡上你。當兩個不一樣的振動頻率交會的時候，他們的波頻會隨著時間而慢慢地變成相同的振動。

所以，前文提到「願景板」的時候，我才會不斷地提醒各位貼在板上的東西不應該只是單純的「你想要」，更重要的是「擁有它」的感覺。那其實就像是去買車一樣，大部分的人都會先評估自己的能力然後再多多去試車。坐進車子裡都會開始想像自己開這輛車的感覺，然後想像未來擁有這輛車的實質感受，當你的內心開始有喜歡的感覺時，你就會開始盤算自己可以如何得到它。因為當我們開始在思考擁有它的時候，我們的腦子對於從零到有的這個過程就會開始成形，進而促使我們產生讓這樣的未來發生的動力。吸引力法則就跟這個例子一樣，你很難讓遙不可及又不真的相信的事情發生，但你的本質就像是吸引萬物的那顆磁鐵，你當下的意念與核心價值才是決定什麼樣的人、事、物會靠近你的主因喔。

感激的力量

如果我可以教授每個人一種簡單到連個五歲的小孩都學得會的魔法，那絕對是「感激的力量」。

「感激的力量」其實不是一種很厚實的能量，反倒比較像是仙子花粉。它雖然不能讓任何實質的物質改變，但卻可以在瞬間轉換一個人的情緒。就我的視角來看，它比較像是Fairy magic dust（仙子魔法粉），會給人一種暖暖的、充實的力量，而且是一種每個人都可以學會的魔法。

我在這裡所說的「感激的力量」不是那種隨口的謝謝，又或者是展現禮貌的感謝，而是打從內心的感激。那種感覺會不自覺地暖進你的心裡，並在瞬間轉換掉所有情緒。

我想要說的是：「感激」所能創造出來的實質力量，其實是遠大於我們可以想像的。這個習慣的養成可以從很小的地方開始。例如：你去餐廳用餐並接受服務生良好的服務。你可以認為這一切都是理所當然的，或者是打從心底感謝他良好的服務讓你用餐愉快。

當一個人學會尊重他人的時候，感激的行為就會自然地養成（因為觀念態度上改掉了理所當然的習慣）。當感激的習慣養成時，你自然可以看到它對人的影響力有多大。這些全都是可以透過你的實際體驗去得到印證。

當你養成感激的習慣，並發現它可以像魔法一樣瞬間地改變身旁的人、事、物時，你就會慢慢地挖掘出自己的影響力，進而將這樣的力量運用在自己的身上。了解自己平台的設定，並感謝身旁的人事物，不管好壞，他們都是為了將你推向更好的未來。那麼即便在當下遇到什麼不順心的事，也可以感謝它是發生在現在，而不是未來。

你我應該都有相同的經驗，那就是當我們遇見一個懂得感激的人時，我們會很願意多為他做些什麼。相對的，當我們遇到一個不懂得感激，甚至是把我們的好意當成理所當然的人時，反倒讓我們不想要為這樣的人浪費任何一點時間。這也是為什麼那些不把任何事當作理所當然的人似乎總是很容易遇到貴人的原因。

既然我們沒有辦法改變別人，為什麼不從現在開始就讓自己轉化成一種魔法的存在。至少我們可以確保靠近自己能量內的人、事、物，都會透過你的習慣養成而慢慢地轉換成和善的存在。當人們把感激的力量運用在自己身上時，就一定會發現它在體內慢慢產生的魔法反應。它會讓你成為一個更安定的靈魂，也會讓你更有信心地朝未知的將來繼續前進。所以從現在開始，當你在感謝別人的時候，就想像自己在向對方丟仙子魔法粉，讓這樣的力量成為你的一部分吧。

語言用詞與感激的練習

頻道第64集

最近朋友提到，她的老公在上一堂訓練為自己的言語負責的課。課堂教導他們在日常生活中盡可能地不要使用「Can't（不能）」、「But（但是）」以及「Try（試著）」這三個字。當下我只覺得這是非常合理的要求卻沒有多加註解。直到隔天，我跟老公聊天時一直從他的嘴裡聽到「But（但是）」這個字時，才發現這個字讓人感覺「我很好，但是別人比我更好」，這也才意識到我們的言語會創造出我們的實相。

在之前的文章裡，我們談到許多關於「語言會創造實相」的話題，但主要都集中在我們的內在小孩的聲音（像是：我不夠好、我不夠漂亮、我很胖、我喝水都會胖、我不夠聰明、我很笨……等等）。如果你對於自己內在的聲音已經非常地有覺知，也能夠即時地捕捉到自己內在的聲音的話，那麼接下來便可以考慮從我們實際說出口的話開始來改善。

亞洲人有幾個習慣用詞，我想在這裡跟大家分享一下。第一個常用的字是「我想要（I want to）」。我建議各位可以將「我想要」的句子替換成「我是」。因為「我想要成為成功的人」與「我是成功的人」這兩句話所造成的震撼力是絕對不同的。

此外，「對不起」也是個常用字。在亞洲，「對不起」是可以針對任何大小事的道歉，但在國外，「Sorry（對不起）」一般是針對較重大的事件（如傷害到他人、情緒等的問題），在沒有任何特殊狀況外，大多是使用「Excuse me」或者是「My apology」（這兩句都被翻譯成「對不起」）。習慣性地說Sorry會讓人產生一種好像「我做什麼事都是錯誤」的錯覺。雖然這都只是一些口頭禪而已，但是當你開始意識到你的言語會成就你這個人的時候，那就試著從自己的言行開始改進吧。因為我相信同樣的意思，絕對有比較好的替代名詞。

關於上一篇「感激的力量」，有網友提問：如果我跟別人說謝謝，但是對方卻一副不在乎的樣子，那我的心底就會因此感到受傷，反而感覺不到感謝帶來的效果了。

關於這一點，讓我再重申一次：在這個宇宙與世界所發生的事都是以你做為主軸在運轉的，每一個人會以自己為主軸創造出屬於自己的世界。所以我們要如何讓自己成為一個更好的人，與他人的反應一點關係也沒有。

任何魔法都不是一日可成的，在你要創造出任何的實相以前都一定要有基礎。就像哈利波特也得要上好幾年的課，才有辦法成為一名強大的的魔法師一樣。如果你今天是個相信自己、愛自己以及懂得保護自己的人，那你的能場自然就會比較強大。當你的能場夠強大的時候，就算你沒有任何的作為，你的振動、波動都會不自覺地影響到身邊的人。今日你想要表達自己的感謝，那是你學習讓自己的能量流通，與你道謝的人接不接受一點關係也沒有。你沒有辦法阻止他們活在自己的世界裡，但他們的反應不該阻止你活出自己想要的生活。若因為想要得到特定的反應而道謝，你反而把自己的主權交賦他人，由他人來決定你的喜怒哀樂。

大多數的人做任何事總會過度專注在自己想要得到的反應，或是事情該要發生的特定模式。然而，今天無論是感激的力量還是吸引力法則，我們應該慢慢地注意到它們所影響的層面之廣，涵蓋的層次也很多，我們不該只著重在結果要是什麼，而是該將注意力拉回自己的身上，好好地思考自己的靈魂想要從中得到的究竟是什麼。重點是，對方或許因為剛好心情不好而沒有辦法對你的感謝產生任何的反應，但你之所以學習感激是為了幫助你未來的能場吸引更多的善念以及好運，所以不要讓他人一時的反應決定你的未來喔。

讓我們來討論死亡吧

不管古今中外，人們似乎將「死亡」的話題視為忌諱。在幫朋友剛往生的母親做生前投影片時，我就有一種感覺：與其死後以人鬼殊途的身分透過我這個第三者來討論喪禮要怎麼安排，這些繁雜瑣事是否應該在人還在世時就可以拿來討論？（像是喪禮的形式、場合、播放什麼樣的音樂與穿什麼樣的衣服……等等）

人們常常浪費太多的時間在害怕死亡，卻花了太少的時間討論它。對我來說，「死亡」就像「出生」一樣，只是靈魂進化的一個過程。我們每個人都一定會經歷死亡。假若你們像我天天在跟死人打交道的話，或許你也會開始理解它只是一個流程罷了。

由於我們太害怕去討論「死亡」，以致於我們對於「死亡」產生無限的想像。因為從來沒有人教導或是告知我們在死亡之後會發生什麼事，於是我們開始深信人死後會受苦受難，深陷陰間地府，抑或是落入六道輪迴的苦難裡。未知所產生的恐懼讓我們更加害怕去討論「死亡」這件事。

我要說的是：沒有一個往生的人會希望那些還在世的人未來都活在充滿罪惡感的日子裡。或許當他們還是鬼（尚未進化成為靈魂）的時候，他們的意識還會受到生前的觀念所影響而產生抱怨、埋怨，甚至是擁有怨恨報復的情緒，但是那都只是過渡期，因為鬼遲早會進化，不會一直停留在鬼的階段。當他們進入白光之後，他們自然而然地會知道自己必須要離開，或是他們沒有辦法陪在身邊的原因。

今天換個角度來思考：如果往生的人是你，你是否也會希望愛你的人因為你的離開而痛苦一輩子？

很多人問我，那些往生的人要做的功課到底是什麼？我曾經說過：當人往生的時候，要做功課的人通常不是他們，而是那些還活著並與這些人有所交集的人。就算沒有交集，大多數也是因為這個人的死亡而影響到自己的人（不管是情緒上或是心態上）。

對於在世的人，我們要做的是去思考自己的功課是什麼，這個事件對我們產生了什麼樣的影響，以及我們可以如何透過這件事來改進自己的行為，以確保未來不會有任何的遺憾產生，而不是緊抓著自己的罪惡感不放（因為沒有多花一點時間陪他們、因為沒有好好地表達內心的想法、因為來不及在他們生前做些什麼……等等）。我們不應該讓罪惡感與虧欠感困擾一輩子，而是該學會放下並真實地體驗每一個當下。因為唯有如此，你才不會讓自己在未來又面臨同樣的遺憾。如果一直緊抓著自己的哀傷與罪惡感而學不會放手的話，那麼我們大多會允許自己活在過去而沒有辦法創造出未來。等到哪一天相同的事情又發生了，我們會再一次重蹈遺憾的惡性循環，反倒會被愈來愈多的罪惡感淹沒。

保留你的批判，但要讓你的讚美慷慨

Preserve your judgement, but be generous with your compliments.（保留你的批判，但要讓你的讚美慷慨）

一日，我與兒子在臉書上看到一個朋友買了一副新的眼鏡，兒子覺得不錯看，所以我決定替他留言讚美朋友的時候，他卻阻止我這麼做，因為他覺得沒有必要告訴這個朋友他的個人想法。

這讓我在當下跟他說：當你的腦子裡出現任何想要讚美人的念頭時，

不管那個句子多大多小、對方你認不認識，永遠都不要吝嗇於給對方讚美。相反的，當你有任何負面評價的時候則能省則省了吧，因為批判大多來自於個人的主觀意見，而那樣的話對這個宇宙並不會產生任何的貢獻。

在老一輩的教育裡，我們很容易用指責與批判來代表愛的語言。因為在乎你、關心你，所以才會告訴你有哪些需要改進的地方，這樣才可以確保你出社會之後不會成為他人的笑柄。但也因為這樣的教育模式，使得我們把批評指教當作一種常態，反而對於讚美感到格外的生疏與不自然。

也因為一直在這樣的環境下成長，讓我們不斷地拿自己跟他人做比較。總認為一旦讚美了他人，就好像不自覺地貶低自己的價值似的。於是我們內在的不安全感讓我們吝於讚美，也相對的習慣用批評來提升自己的優越感。

我要說的是：人們都有被認同的渴望。不管是在外表、行為或是內在都希望能夠得到別人的認同。這也是為什麼有時候即便是陌生人的一句小讚美也會讓我們高興一整天的緣故。正因如此，我們才要更不吝嗇地給予他人讚美，不再拿自己與這個世界做比較。也因為意識到別人的好不等於你的不好，別人的美不會讓你變得比較醜的心態，讓你能夠以更開放的心去面對這個世界，並學習欣賞外在的事物。

在讚美他人的過程中，我們會慢慢地放下內在的比較心，並學會欣賞這個世界以及外在環境的美好。也會透過這個小小的舉動而開始注意到自己的好，而不是總習慣性地批判自己，誤以為自己不管再怎麼努力永遠都不夠好似的。所以如果有心想要打破內在批判自己的習慣，那麼就從讚美自己或是他人開始。保留自己的批判，並且慷慨地給予讚美吧。

閱讀「暗示」（Reading the sign）

頻道第72集

前兩天跟朋友聊天的時候，朋友突然問道：「那些在死的時候還沒完成自己功課的人，當他們在安排自己下輩子的功課與藍圖時，會不會有那種我下輩子一定要做好，不可以再出同樣差錯的心情？」

我回答：「那是當然的。因為靈魂其實很聰明。他們會給自己在人生的道路上安排很多的提示卡、暗號，有時候甚至還會安排貴人出現來協助他們克服功課。」

朋友再問：「如果這是真的，那又為什麼人們無法克服生命中的種種難題呢？」

因為當我們是靈魂的時候，是處在一種全知（All-Knowing）的狀態，他們會依照累世的經歷，了解自身最可能會遇到的問題，來安排這一輩子最適合的暗示與幫助。只不過一旦人們投胎之後就會失去這種全知而過度受到大腦邏輯的控制，我們會認為凡是不能用邏輯解釋的存在都不能夠相信。此外，我們還會過度緊抓著自己的情緒與故事不放，導致我們忽略呈現在面前的暗示與幫助。

「暗示」其實有很多種顯化的方式，每個人得到暗示的方式也不一樣。以我為例：我只要看到無限（Infinity）的符號就會莫名地感到安定。所以當我不確定或是不肯定時，這樣的符號出現就像是在告訴我先靜下自己的心。此外，某些數字對我來說代表著「是」與「不是」的答案。所以每當我的腦子裡有不確定的問題時，通常我會在自問後的十二個小時內得到我要的答案。但這些都只是我這麼多年以來訓練讓自己閱讀的暗示，這些暗示或許對我有用，卻不一定適用在每一個人身上。

有些時候你可能正經歷情感上的波折，無心地打開收音機就正好播放著與你的心情對應的音樂。也有些時候你隨手翻開的報章雜誌，某些段落或是標題就好像是在回答你一直以來的問題似的。更或者是你與一些許久不見的朋友聊天，他們明明是在描述自己的故事，但他們的隻字片語都好像是特別說給你聽的（即便他們根本就不清楚你正在經歷什麼），這全都是一種暗示。

當我們深陷在自己的故事裡，我們往往看不見他人給我們的救援，更遑論是注意到暗示了。但其實只要我們學會退一步思考，就會發現由於靈魂深怕在輪迴的過程裡會忘記自己，所以在我們的生命中到處安排了暗示。就連像生日、星座、血型、生肖、姓名或是紫微斗數等等，這些全都是可以幫助我們更了解自己的暗示。最顯而易見的例子就是每每人們在搜尋這些資訊的時候，都一定會先查閱自己的。

如果你到現在還不太清楚怎麼閱讀暗示。我要說的是：不用擔心，因為你的靈魂導師一定會一直不厭其煩地、不管需要多久的時間，都會想盡辦法把暗示透過不同的人、事、物呈現到你的面前，直到你了解為止。

今天我給各位的建議是：如果你還自認是麻瓜，根本學不會怎麼閱讀暗示的話，那麼你可以像我朋友這樣做：如果同樣的事情在短時間內（一般約莫一個禮拜內）發生三次的話，那就是一個暗示。例如：你最近不管到什麼地方做什麼事都會注意到「初衷」兩字，那麼你就可以趁機審視一下自己的初衷。另一個例子是：我認識一個人說「彩虹」對他已逝的妻子具有很深層的意義，所以每當他看到彩虹的時候，就如同他已逝的妻子告訴他說「我過得很好」。那是他們夫妻倆的連結，也是只屬於他們兩個人的暗示，因為彩虹對我來說就沒有任何的意義。

所以如果大家有興趣的話，就不要等到死後才發現這些一直存在在身邊的暗示，你們可以從現在就去注意到這些隱藏在身邊的暗示。這些暗示的存在一般是了幫助你走向人生未來的道路，同樣的事情可能透過不同的人、事、物在某一段時間內一直呈現到你的眼前，這個情況就很可能是你的靈魂導師要給你的暗示喔。

愛情是什麼？

如果那些臉紅心跳、緊張苦悶又甜蜜的感覺就是愛情的話，那當這些感覺消失時，是不是代表愛情就不存在了呢？而當與戀人轉化成親人間的愛，又是怎麼回事呢？愛情到底是什麼？就只是想要觸碰彼此、吸引彼此、想要接吻上床、想有占有掠奪嗎？這跟親人朋友間的愛情，又有什麼不一樣的地方呢？

頻道第74集

我只是個靈媒，不是愛情專家，但我可以以靈媒的視角來告訴你愛情是怎麼回事。愛情本身是一種暖暖的能量，它大概在25～26度的溫度，它會讓人產生一種實質的滿足感以及歸屬感。而你所謂臉紅心跳、緊張苦悶又甜蜜的感覺，它並不是愛情能量給你的感覺，而是一種化學反應。基本上當兩個不一樣的波頻（人）相遇在一起的時候，就會產生交錯反應，就好比兩個不同的化學元素混合在一起就會產生化學反應一般。每個人所產生的反應都不一樣，有的人會比較劇烈一點，有的則比較沉穩一點。

當這種化學反應消失的時候並不表示愛情就不見了，因為我們都知道不管你把兩個反應多麼激烈的元素放在一起，它的化學反應總會有沉澱的一天。而人與人之間的化學反應也是如此，一般可以維持在三到六個月之間，有些人的時間可能會更短。

往往要等到這樣子的化學反應沉澱之後，你才能夠冷靜下來思考自己到底愛不愛這個人。因為如果愛情是存在於你們之間的話，那麼即便沒有化學反應，你也還是可以感覺到那種愛情的溫暖。所以「想要觸碰彼此、吸引彼此、想要接吻上床，想有占有掠奪」並不是愛情的感覺，而是單純的化學反應。

該怎麼說呢？我對愛情的了解不夠，也稱不上是個專家。但我可以告訴你的是：雖然沒有人完全地了解愛情究竟是什麼，但我們都是為了「愛情」、「LOVE」這種感覺來投胎、來研習。我相信今天如果大家都懂愛的話，現在也就已經世界和平了。

但為什麼我們到現在還沒有和平呢？我覺得那是因為我們對愛情常常有很多的期待。但在宇宙底下凡事都是一體兩面的，有愛就有恨。這也是為什麼我常說：在一個人還沒有學會愛自己以前，其實是沒有辦法真正學會愛別人的。在我們無法學會接受自己的缺點以前，我們也沒有辦法學會去接受他人的缺點。一個美好的愛情並不是來自於你找到一個完美的人（因為這樣的人根本不存在），而是來自於兩個不完美的人願意一起努力所得來的結果。

我很喜歡我的朋友Aisha常說的一句話：「100％是由兩個50％組成的。」所以對我來講，人們觀念裡的那種完整，其實是由兩個不完整所組成的。人們之所以要先學會愛自己之後才有辦法去愛別人，是因為在你學習愛自己、照顧自己、疼惜自己的同時，你會開始了解自己的不完美。也因為接受了自己的不完美，所以自然而然地也能夠體諒他人的不完美。而不是總是一味地要求完美的另一半出現以補足自己所有的不完美。

我再舉個例子讓各位換個角度思考：各位有沒有發現人們似乎都很容易愛上任何與小孩或寵物有關的事物？這其實跟他們可愛與否無關（又或者其實是有很大的關係XD），但更重要的是，在他們面前，我們知道自己不會被評價，知道他們會無條件地接受我們的不完美，也因此讓我們更願意毫無保留地給予愛。

我知道有些時候當化學反應退去後，你與戀人之間的情感會開始趨於實際化（就好像再刺激的雲霄飛車坐了一百次也會變得無感一般）。這種情況下要如何繼續保持情侶間的新鮮感，那就是你們彼此的功課。你們是不是願意為對方做些什麼，或是改變什麼以達到彼此協調的共識，那都是會讓你們彼此的愛情成長的一個過程。我要說的是，愛情永遠不會是單向的，而是需要兩個人願意共同努力才能夠創造出來的結果。它也不會永遠轟轟烈烈，在一切退去之後，真正的愛情就只是一種會讓人暖到心裡，感到飽滿又有歸屬的振動罷了。

每一天，我們都被給予一個可以成為真正的自己的機會

頻道
第 76 集

因為生了一場大病，反倒讓我想起小時候那個常常生病的自己。我小時候是住在親戚家，總是不時地接收到他人傳遞來「你煩到我了」的眼神和意念，以致於成長的過程裡總是很害怕麻煩到別人。而躺在病床上的這段日子，常常讓我回想起小時候長時間一個人躺在醫院病床上那個無能為力的自己。

老實說我也不知道自己小時候究竟是生了什麼病，只記得病床上的我

總是不斷地告訴自己：「將來無論如何一定不要常生病。我一定要想辦法讓自己的身體變好。」

或許是因為花了很多的時間躺在病床上，所以當身體變得比較好的時候就發現：原來這些年來我每天都被賦予這樣的機會。一個好的身體可以讓我做任何想要做的事。但由於生活的忙碌與煩躁，常常讓人忘記自己被賦予了可以重新創造自己的機會。

這樣的體驗讓我同時思考到：每個靈魂在投胎以前都會縝密地鋪陳好自己的藍圖，深信這一次絕對不會再犯相同的錯誤。若是這樣，我們又為什麼要等到下輩子才來做對的事？只要還活著，每一天都是我們可以讓自己更好的機會。就像我在生病的當下其實也是有選擇的，我可以回到兒時那個自艾自憐的自己，或是選擇著手創造自己的人生。

我深刻地感覺到「人生真的是充滿抉擇」，不管是任何一件事情或想法，小到你要決定今天的晚餐，大到你人生未來的目標。雖然這個世界總讓我們感覺自己是沒有選擇的，但你只要仔細想想就會發現其實我們每一刻都活在選擇之中。

既然已經嚐過那些痛苦的過去，自然不希望它們繼續成為自己的未來。也因為這樣的想法，我發現真正要學習的功課其實是「放下」。也就是學著放下你過去不好的經驗以及曾經承受的痛苦。我知道那些刻苦銘心的痛都在你的心裡留下了傷口，但是我希望你同時能夠了解這些痛的存在是為了幫助你成長，而不是為了讓你佇足不前。今日還能在這裡跟他人訴說自己的傷痛就證明你還活著，那麼我們就更不應該把遺憾留到下輩子，而是應該在我們還好手好腳的時候就做出一點改變。

大家都知道，身體每天都會新陳代謝，會有老死的肌膚或是掉頭髮的現象吧？但你知道以科學的角度來看，依照細胞更新與淘汰的頻率，我們只需要七年的時間就可以從裡到外變成一個全新的人嗎？也就是說那些舊的、老的、壞的、不好的、哀傷的以及負面的細胞，只要用心經營與改變的話，七年的時間就可以讓你從裡到外換一副全新的。

既然如此，你又要如何確保七年內所換的細胞全都是你要的呢？那就是你要盡可能地做些自己喜歡做的事，學會喜歡與接受自己。那麼即便一開始你不會有任何太大的感覺，也會隨著體內好細胞的百分比愈來愈多，而漸漸地取代體內原本不好與負面的細胞。

通常我建議客戶最常做的練習是，我會給他們一張白紙並要求他們在紙上寫下自己最想要成為的那個人的樣子。這個人不會受到你過去經驗的影響，也沒有任何未來的限制。那在這個情況下你會怎麼去描寫這個人呢？如果我說你寫在紙上的任何未來都會成真的話，那你又會如何去描述它呢？

一旦你寫完之後，就拿著這張紙來做為你生活的準則。你用著他（紙上所描述的人）會有的心態、方式以及態度去重新面對這個世界，並去活出那樣子的生活。因為只需要七年的時間，你全身的細胞就會從裡到外地被紙上的那個人所取代，進而變成你的實相喔。

小練習 成為真正的自己

在紙上寫下自己最想要成為的樣子，試著細細地描述下來。

請記著，這個人、這個樣子，是現在的你可以創造出來的，不管過去你經歷了什麼，或者未來可能要面臨什麼，只要你想，就可以創造他。

快樂的關鍵

最近朋友跟我說，他發現大部分的人都不知道要得到真正的快樂，就是要往內心探索並學習克服自己的功課。一旦克服得愈多，人就相對的會變得比較快樂。

這麼多年的諮詢以來，我發現大家其實不是不知道「克服自己的功課就能夠變得更快樂」這件事。而是大部分的人都不知道該從哪個方向著手。因為這個觀察讓我開始揣摩：如果人們都不知道方向的話，又該怎麼去了解自己的功課是什麼呢？

這讓我同時想起很久以前讀過一篇由Mark Manson（馬克・曼森）所寫的文章。這文章主要在形容很多人常常會想要問他致富的祕訣。透過那些問題，他發現那些人們往往只是想要得到一條捷徑，也就是一個穩贏不賠，只要照著做就一定會成功的方法。然而人們卻常常忘記當生命中有所求的時候就必然會有所取捨，你必須願意為你想要的未來付出代價。總之那篇文章主要想表達的就是「生命中想要得到什麼，就必須先思考自己願意犧牲什麼。」舉例來說：假設你想要有一個健康的身體，你就必須願意每天去做運動，並選擇一些健康的食物。

我沒有辦法替新世代說話，但在我生長的年代，亞洲的教育環境通常會要求我們要犧牲小我並以大局為重。這樣的教育讓我們很常忽略自己的情緒與感受，只是一味地配合大多數人的要求。一直到我在國外居住以後，才開始體驗到西方人以自我為主並習慣性表達自己的教育。這並不是在比較誰好誰壞，因為凡事一體兩面，絕對會有「保守」與「開放」的好與壞並存的狀況。

只不過，接觸了兩種不同教育環境的影響，讓我在靈修的旅程上有了更深一層的領悟。我發現要得到真正的快樂，是當我們的內心可以感受到滿足、充實與快樂的情緒。那其實是一種我們可以自由地活出靈魂想要的樣子的境界。然而當我們想要暢行無阻地表達自己，但環境又有諸多限制阻止我們這麼做的時候，我們的內心其實是矛盾又衝突的。當我們過度擁戴一方而排擠另一方時，我們同樣得不到那種滿足、充實的感覺，即便贏了卻總覺得少了什麼似的。

東方的保守給予了外在太多掌控我們的權力，而西方的過度自我很容易對外在顯得不尊重。也是在這個時候，我發現，如果中西可以融合，在尊重又不傷害他人的平台下仍然能夠完整地、真實地表達自己（也就是以自己希望被對待的方式來對待他人），那麼在練習的過程當中，我們就會慢慢地找到最適合自己的平衡點。

在我諮詢的時候，我同時發現許多人在描述自己的夢想時總會說：「如果有一天，我有錢的時候，我就會去環遊世界」、「如果有一天，人家不再瞧不起我的時候，我就可以……」這個「如果有一天」總像是天邊般地遙不可及。但仔細回想，讓這些夢想遙不可及的，是它的附加條件。要成為真正的你，並不需要任何的附加條件。舉例來說，當我決定要成為一個懂得尊重別人的人，不管有沒有錢都不應該影響我尊重他人這件事。當我要求你要「愛自己」和「當自己」的時候，這些行為都不應該建立在任何的附加條件之下。也就是說，不管你今天有沒有錢都要能夠愛自己，不管今天雇用你的老闆多好、多爛，都不能影響你表達自己。

我們花了太多時間尋找物質與外在的快樂，但真正可以讓我們快樂的關鍵是內在的滿足。我們透過外在的物質來彌補內在的空缺所產生的不安全感，然而，要追求內在的快樂其實需要付出代價的。你極可能需要走出自己的舒適圈，去做些從來沒有嘗試過的事。給靈魂多一點的機會以及他可以嘗試與探索的管道。剛開始的時候，或許不要過度地壓迫自己做好做滿，你可以從簡單的事物開始做起，隨著一天一點的小改變，你會慢慢地挖掘那個你真正想要成為的自己。也唯有在那個時候，你的快樂才會是持久且真實的喔。

報復他人的最好方法

大部分的人遇到挫折的時候，總是會感到憤怒而產生想要反擊的衝動。像是因為自己的身分地位而被親戚瞧不起的人，就會期望自己哪天有錢有勢的時候可以反撲。就連我小時候也是這個樣子。我的父親老愛拿金錢來壓我們，讓我從小就有種想拿錢砸在他臉上的衝動。又或者是在受到攻擊時，我們會想要用一些傷人或是惡毒的話回嘴，期望對方可以感受到他們施加在我們身上的痛。有一些人甚至會因為外在的環境與他人的壓迫而得到憂鬱症，以致於深陷在自己的故事情節裡，覺得自己不夠好才沒有辦法得到這個世界的愛。有些人更甚至有自殘或自殺的傾向，因為他們潛意識地希望傷害他們的人可以因此愧疚一輩子，為了他們自殘或自殺的結果而後悔自己曾經造成的傷害。

但我想在這裡重申：千萬不要把自殺列入你報復的手段裡。在上一本書說過，自殺只會讓你困在自己的情境泡泡中，那種難過與煎熬絕對不是現在的你可以體會的。此外，如果現在的傷痛是你人生中必然的功課的話，那麼那個你認為傷害你的人很可能一點感覺也沒有，也不會體驗到你所期待的愧疚感。而且，當你離開了情境泡泡以後，還要再重新投胎一次去面對相同的功課，再次體驗相同的傷害……。從我的立場來看，這是浪費時間又完全不值得的事。

除了自殺，我發現有很多人會不自覺地想要透過虐待自己的身體來造成對方的罪惡感與愧疚感。因為他們所創造出來的經歷是你目前為止感受到最糟的，所以你希望他們也能夠身同感受。這個時候我就會建議你一定要聽我這個靈媒的話：你此刻所經歷過的歧視、霸凌、侮辱、貶視……，絕對不是你的人生中最糟的感覺。真正糟的是你的生命明明被賦予了一個可以擁有美好事物的大好機會，但你卻錯過它了。就好比你去買張可以中二十億的彩券，但你卻因為心軟，而把手中的彩券轉讓給了別人，之後卻發現那張彩券原本可以讓你高中二十億獎金。

今天誰沒有傷害過別人？可能是一句無心的話，也可能是一個無心的舉動，大家都遇過「說者無心，聽者有意」的情況。今日你再怎麼小心翼翼也不能夠阻止他人如何錯誤地去聆聽你所要表達的意見。但說真的，即便知道自己的話傷了人，但那樣的罪惡感會持續很久嗎？答案是：不會。我們今日可能會因為自己的言行傷害到他人而感到一點點的罪惡感，但若是對方不斷地藉此來傷害自己，甚或是採取不理智的言語報復的話，那都只會更加地減緩我們當初所感受到的罪惡感，更可能會讓我們理所當然地認為自己當初的決定是正確的，抑或是當初選擇離開或傷害這樣的人也是他們罪有應得的決定。

什麼情況會真正地讓人感到後悔呢？那就是你可以活得比以前更好！讓他們實質地感受到那張二十億彩券從自己的手上流失的失落感。讓他們實質地後悔當初不把你放在眼裡的痛苦。如果他們說你不夠好，那就證明他們是錯的。你的好是人人渴望擁有的，也是人人迫不及待地想要得到的。有一天當你從高處遙望，就會看見他們眼裡的那種捶心肝的失落感，因為他們會永遠記得自己竟然讓這麼好的人從生命中擦身而過。

所以與其自艾自憐，倒不如振作起來證明他們是錯的。讓他們在未來不小心再與你相遇的時候，會捶心肝一輩子，後悔自己不但曾經傷害你，讓這樣美好的人與自己擦肩而過。只要朝著讓自己變得更好的方向前進，宇宙一定會讓他們體驗到這樣的一天。

會煮飯的男人

老公今年的新年希望是想學煮飯。我相信每一個習慣做家事的妻子一定都認同：老公偶爾下廚是一件很好的事。也是在這個時候我發現到，其實身為女性的我們多少也有點歧視。因為當我跟朋友分享老公這個突發奇想時，我發現有些朋友覺得不錯，也希望自己的老公可以仿效，但有些朋友卻認為男人學什麼廚藝，甚至會覺得那是女人才做的事，又或者覺得男人應該要學烤肉，這樣比較有男子氣概。

我從跟老公交往到現在，從來沒有看過他進廚房煮飯，所以當他今年的情人節說要煮飯給全家人吃時，全家人都感到格外驚喜。只不過他這個生手為了要煮一桌子的菜，從中午開始就一直手忙腳亂地準備。在這個過程裡我也發現：會煮飯的男人真的挺性感的。

或許是因為年紀輕輕的時候只會著重在你情我愛，所以對男人會不會煮飯沒有任何特別的感覺。但是成家立業後開始面對生活裡大大小小的瑣事之後，就開始覺得一個會煮飯又懂得分擔家務的另一半，其實才是最難能可貴的事。

當我觀察老公煮飯的時候，看他控制爐火以及刀法的樣子，都不會覺得這是女性化的工作，反倒那種知道自己在做什麼的模樣，更加顯現了男人的氣概。但我覺得除了拿刀控火這類事情本來就讓人很容易與男人聯想之外，當他願意為了給你一份驚喜而大費周章的心，才是讓女人感到性感的主要原因。

我覺得不管是外在顯現軟弱或是強悍的女人，某種程度上都期望一種被保護的感覺。並不一定要遇到什麼事，或是看到男人為自己出頭才會讓人感到被保護，而是當她靠近一個男人時，可以從他的身上感受到男人那種清楚知道自己在做什麼的感覺（通常我形容為Alpha Sense，也就是一個男性的沉穩感），其實才是女性感到安全的主要來源。

這個小插曲只是想跟大家分享：如果各位男性也有興趣學廚藝的話，真的不要覺得這是件女人在做的事。因為一個會掌控爐火和刀子的男生其實是很有男子氣概的。如果偶爾可以給你的另一半一點小小的驚喜，除了能為生活增加一些情趣之外，還可以增進彼此之間的關係。重點是，不管是男性女性，每個人都想要感受到愛的感覺，有時候這些小小的動作才更能夠顯現彼此的體諒與關懷。婚姻既然是條長遠的路，那自然是得透過一點一滴的小事堆砌成強大又牢固的基礎喔。

頻道
第 82 集

那些你愛與恨的事情

很多人常常問我他們的前世是什麼。由於會來找靈媒諮詢的人大多是生命中遇到了困難或問題，所以透過這樣的連結所接觸到的前世往往都不是很好的記憶（例如姦殺擄掠、流離失所……等）。也因此，身為靈媒的我鮮少接收到好的前世記憶。

直到有一天朋友跟我說：她從一出生就很喜歡喝茶，完全沒有任何的理由。而後我也開始注意到有些人一出生就特別喜歡某種味道或是風格。

這一篇所要說的就是那些在你的生命中完全沒有任何的跡象可循，但你就是莫名奇妙地一見鍾情，或是像我朋友這樣打從娘胎出生就喜歡到現在的（無論是人、事或物）的原因。

到目前為止，我們都不斷地在討論靈魂在投胎以前會鋪陳藍圖，安排功課，以及無數個投胎後令你一直想要撞頭的阻礙……。但除此之外，我們其實也帶來了許多美好的事物。像是勇氣、毅力、堅強，抑或是那些我們特別喜歡的人事物。

雖然我個人相信輪迴的存在，但剛開始被高靈介紹前世今生的時候，我其實並不相信前世對我們的這輩子有任何的影響。一直到透過未來的觀察與研究之後，我才慢慢發現我們的前世與這輩子之間那種密不可分的關聯性。

我之前曾經提過：當你的靈魂在做某一件事情的時候，你的肌肉就會產生肌肉記憶。就像版主我這輩子沒有學過畫畫，也不是個藝術家，但每每只要拿到畫筆就會覺得情不自禁。所以我常常跟朋友開玩笑說自己鐵定哪一輩子是個藝術家，只是不記得了。而且作畫完後我都有種很奇特的感覺，那就是我明明知道是我親手畫的，但卻常常懷疑那是誰畫的。也就是我的肌肉顯然沒有辦法與我的意識做任何連結。

也有很多人常常來找我並好奇他們的前世是做什麼行業。不過，我覺得與其來找我，你們有更簡單的自我審核方法。你只需要找張白紙把你這輩子喜歡與不喜歡、擅長與不擅長的東西寫下來，那你就大概有個底了。甚至是連你在看電影時讓你莫名悸動、傷心或是難過的情節也大多與你前世有相似的體驗。還是你對某一個特定的人事物有特別強烈的感覺，即便身旁的人並沒有同感，但你就是特別喜歡或不喜歡，通常那也是因為你在某一輩子有過相同的體驗。

就好比你這輩子對於小動物被虐殺特別有感，你的情緒激動反應強烈到讓你願意不顧一切地去抗爭等，那麼你就極有可能在某輩子曾經當過被虐待者的角色。又或者是我要母胎單身的你形容完美的約會會是什麼樣子，而你卻可以繪聲繪影地形容兩人手牽手漫步塞納河畔的浪漫的話，那很可能也是來自於你某輩子的記憶。

通常你在這輩子很喜歡的東西是源於你某一輩子的美好回憶。像是你可能特別喜歡十五世紀的風格，那就表示你很可能在十五世紀生活過。如果你也特別喜歡某個時代的音樂和場景的話，那是因為你把那輩子愉快的回憶與那樣的場景和音樂做了連結，所以這輩子才會對類似的場景與音樂產生相同的情緒。由於肌肉記憶的關係，即使你在這輩子從來沒有經歷、體驗或接觸過這樣子的東西，當這些有情緒連結的人事物再度出現在你面前的時候，你也會產生莫名奇妙的一見鍾情感。

為什麼今天會特別想討論這個話題呢？因為在諮詢的過程裡常有人問：「我們為什麼要活得這麼辛苦呢？怎麼感覺我們投胎好像都是在做功課，都沒有什麼好的或是值得期待的事。」但我要說的是：當我們在安排人生功課與鋪陳人生藍圖時，其實我們會隨身攜帶很多累世所累積的優點來幫助我們克服這些問題。像是你的善良、溫和、勇敢或是體貼等等……，這些全都是你的靈魂透過一世又一世的輪迴而傳承下來的。除此之外，你在輪迴裡喜歡做的事全都是可以幫助你排解情緒的最好管道。

所以與其將生活的重心集中在那些不好的事物，或是讓你幾度想要撞牆的功課上，你可以花點時間思考自己身上的美好事物與個人特質。這些發現可以在你面臨不好的事情時，幫助你平衡或是消除掉那些較負面的東西。當我們在面對困境、失意、失落的時候，與其著重在自己的失敗與不如意，有些時候轉個念去注意到那些美好的事物，更或者是做些自己喜歡的事，都可以讓你重振精神，讓你擁有更多的力量去重新面對那些難題。而透過處理這些問題的過程所得到的領悟都會成為一種力量（Strength），這樣的力量才是你的靈魂可以永遠傳承下去的，不管你的未來會昇華到什麼樣的地方。

阿爾法女性

今天想跟大家討論阿爾法女性（Alpha female）。Alpha在拉丁字裡面是第一個字。拿狼群來舉例：一個狼群裡面通常都會有一個阿爾法男性（Alpha male），牠們幾乎是一出生就擁有一種領導者的氣息，也會隨著牠們逐步地證實自己，而成為狼群追崇的對象。

我要討論的「阿爾法女性」也是同樣的道理。「阿爾法女性」本身有種強烈的振動與氣息，多半會讓他人感覺到某種侵略感或是壓迫／威脅感。特別是在接觸比較沒有安全感或自卑的女性，她們身上的特質就更容易突顯出來。「阿爾法女性」的外表不一定特別的強壯，也很可能看起來柔順又平易近人。她們的外表可能不是族群裡最出色的，但是她們身上有種氣息會讓人無法不去聆聽她們想要說的話。

與阿爾法男性不同的是：阿爾法男性的領導者特質會很容易吸引伴侶，但阿爾法女性的領導者特質卻不是每一個人都能夠駕馭。就像高個子的女生在找伴侶時，通常選擇性比矮個子的女生還要來得少一樣，但就像所有人一樣，她們往往也會想要找阿爾法氣息比自己還強烈的另一半。

一般人對「阿爾法男性」有種錯誤的認知：那就是他們一定全身肌肉，而且不會做女生的事，但是這樣的行為並不會讓一個男人變成所謂的領導者，反倒比較像是要掩飾內在的不安全感。對一個「阿爾法女性」來說，大男人的行為並不能決定一個男人是不是阿爾法男性。而是他們清楚地知道自己是誰，要與不要什麼，未來的方向又在哪裡。他們不需要全身的肌肉，但是卻很清楚自己的價值，而不會隨意地受到他人的意見而左右。（就如同所有韓劇的男主角一樣，吸引人的不是他們的外表，而是他們自信的模樣。）

這對「阿爾法女性」來說也是相同的情況。阿爾法女性在現實生活裡不太會依賴任何人（這包括她們的另一半），因為她本身就是清楚自己要做什麼的人。她們天生出來是要當領導者，並不是依附者。（在阿爾法的世界裡，雙方是可以各司其職並獨立完成事情以達到事半功倍的效果，而不是透過互相依賴來完成一件事。）她們通常看起來很獨立又堅強，好像不管把她們放在任何地方，她們都能夠很快地進入狀況並帶領族群。

在北美有一句俚語形容這樣子的女人是「在家裡穿褲子的女人」。但我並不是挺喜歡這樣的形容詞，因為顯得所有的阿爾法女性都大女人主義似的，但事實上真正的阿爾法女性幾乎什麼事都可以做。

想知道一個女生到底是不是阿爾法女性其實很簡單，那就是她們其實無法被操控，或是透過誘拐、威脅、嫉妒來讓她留在你的身邊。阿爾法女性不會浪費太多的時間在不適合她的人身上，因為她們的人生中還有更重要的事情要做。只要讓她們覺得你的心不在她身上，那麼她幾乎寧願選擇傷心，也會頭也不回地離開你。她們與生俱來的驕傲感會讓她不想浪費任何時間，想在最短的時間內做最正確的決定。所以當你無法在她與任何一個女人之間做抉擇時，她們會輕易地幫你做那個決定（她們大多會選擇離開是因為你的難以抉擇已證明了你不是她們要找的人）。

我的身邊有很多的「阿爾法女性」，最常聽到給她們的建議是：「你應該再溫柔一點、再賢慧一點、對老公好一點……」人們會用世俗的眼光來衡量阿爾法女性，往往會希望她們壓低自己的領導者氣息來突顯另一半的男性特質，但這樣的邏輯對阿爾法女性來說是十分不合理的。因為若是她們要成為一般的女性，就不會選擇帶有如此強烈的領導者特質來投胎（這跟阿爾法男性是一樣的意思），她們比較想找到可以與自己匹配的阿爾法男性，而不是為了配合大眾而把自己變成一般女性。

當一個阿爾法女性找到一個真正的阿爾法男性（true alpha male）時，她們會自然而然地降低自己的身段。這個過程是不需要任何威脅拐騙就會自然發生的。她們的另一半不一定是外型長得很強壯的男性，但如我之前所說：「阿爾法」特質其實比較像是一種領導者的自信。

阿爾法女性本身的侵略性很可能在表達上讓人感到受傷，更多時候會讓人感覺她們對自己的另一半格外地嚴厲。她們大多不是以「損害你的自尊心」為出發點，而是希望自己的另一半可以更加地超越自己。因為當她們選擇跟那樣的另一半在一起時，就覺得對方應該有阿爾法男性的潛能，然而事實證明他們不是時，阿爾法女性會因為當初錯誤的決定感到沮喪而想要有所改變。

一般來講，阿爾法女性其實沒什麼朋友，因為一般人很容易在她們的身旁感受到壓迫感。但也因為突兀的領導者氣息，所以同是阿爾法的人，無論是同性或是異性都會很容易注意到對方。

如果你的另一半是個阿爾法女性，而她到現在還沒有離開你的話，那很可能是因為她覺得你還有成為True alpha的潛能。她對你兇的用意絕對不是為了貶低你，而是希望你可以成為超越自己（或她們）的人。因為唯有把你們拉到超越她們的位置，她們才可以心服口服地臣服於你喔。

為什麼原諒一個人是這麼困難的事？

先回答一個網友的問題：「我有很多跟版主相似的經驗，在聽了〈我們選擇自己的父母〉後不禁悲從中來。我很清楚自己的父母有愛，也知道他們已經盡力了。但好像對於不公正、不公平對待這部分仍強烈深植在我的潛意識裡。我接受不了父母和他人的愛，也給不了愛。近幾年因為父母雙雙罹患癌症，這兩年遇到禪師的指引，每天做功課，回到自己身上，也覺得平靜了許多。禪師說每個人每個當下都有他們最好的因緣，要我學會放手。前兩天我把死亡的那個部分都聽過了一遍，也讓我想起來，曾經在我生病最無助的時候，父母拋下我的那個痛。儘管已經療癒了二十年，我感覺內在的自己似乎還是無法真正的寬恕與放下。」

之所以分享這個案例，是因為我覺得它代表了許多的人。很多人在原諒家人上一直跨不過那個坎，彷彿要原諒一個在我們人生中舉無輕重的人很簡單，但要原諒一個曾經對不起自己的家人似乎就困難許多，內心總是免不了會有許多的掙扎。

我今天只能以一個過來人的立場來分享自己的經驗，讓各位做個參考。大部分有追蹤我的人應該知道我的童年過得並不舒坦，除了經常生病、父母又不在身邊，我常需要寄人籬下、看人臉色。又因為長期生病需要被照顧，所以很常受到寄宿人的肢體、心理或是語言上的暴力。更不用說自己長期待在病房裡，久久才出現在學校一次，很常成為被學校同學霸凌的對象。

如果我今天選擇以一個受害者的角色過日子的話，那我鐵定天天都有新的故事可以告訴大家。但是我拒絕成為這樣子的人，因為我深信生命中仍舊有許多美好的事物等待我去開發，過去悲慘的記憶並不能決定我是個怎麼樣的人。

只不過如果各位了解我的背景的話，就應該可以注意到像我這樣從小就誤以為自己沒有人愛的小孩，其實很容易委屈自己去配合他人。為了得到從來沒有得到過的愛，我們願意勉強、委屈，更甚至犧牲自己去配合別人、不去爭取自己應得的，只為了得到他人的認同。但也因為我們太過於習慣讓自己扮演一個配合者的角色，以致於別人很容易誤以為那才是真正的我們，而把我們的給予當成理所當然。也由於不懂得畫清界線，以致於人們的予取予求成了一種習慣，反而更容易把他們養成逾矩，或是索求更多。

若是今天可以將自己退出受害者的角色，你就會清楚地知道自己該做什麼功課。假若你今日看到一個受虐的女人，你第一個念頭會希望她可以堅強地站起來捍衛與保護自己，因為那很明顯是她的功課。同樣的，像我們這樣的人也需要學會保護與捍衛自己的功課要做。

在我的靈性旅程開始以前，我一直沒有辦法學會原諒那些曾經傷過我的人。我一直以為自己之所以沒有辦法原諒他們，是因為他們對我造成的傷害太大，導致傷口一直沒有辦法痊癒，更深信不管我對他們造成什麼樣的傷害，也絕對比不上他們曾經對我造成的痛苦。我因為緊緊地捉著自己的傷痛不放，所以才學不會原諒。因為即便我早已離開了這些傷害我的人，但我還是每天跟自己過去的傷痛抗爭著。如果我連自己都沒有辦法放下這些痛，那我又要如何學會原諒？

一直到我的靈學旅程開始之後，我學會用不一樣的角度去審視自己的人生，這才發現原來我一直學不會原諒，不是因為我緊捉著烙在心口的痛不放，而是完全歸罪於一種錯誤的認知：那就是「當你原諒了這個曾經傷害你的人之後，你就必須完全地接受他的錯誤行為，並允許這樣的傷害再次發生在你的生命當中。」我覺得是這樣的恐懼讓我們抗拒去原諒這個人。因為一旦原諒了對方，是不是表示我們就必須重新接受那些言語霸凌、暴力虐待，抑或是任何會造就傷口的不平等待遇？所以不是我們曾經的傷口讓我們無法原諒那個人，而是因為我們不想再重蹈那樣的覆轍，以致於我們很難說服自己去原諒。

我要說的是：今天你原諒了一個人並不表示你要將他的一切照單全收。醜陋的事實是靈魂無法從快樂中得到成長，我們總是要透過苦難、掙扎的平台才有辦法學習到進化。如果你能夠跳開現有的身分並以靈魂的角度去思考，了解自己為什麼會選擇這樣的父母與平台，從這個過程中又是為了學到什麼的話，那麼你就會更清楚自己未來的方向究竟在哪裡。就如同我的過去若是沒有這些人的存在，就不會造就今日這個堅強的自己。若是沒有人總是予取予求地跨越他們的界線的話，那麼我不會了解自己的界線究竟在哪裡。

所以如果你喜歡現在的自己，那麼就感謝那些人的曾經存在。因為若是他們不曾存在，很可能就無法造就今日的你。若是沒有他們所造成的苦痛，很可能就沒有今日這個堅強的你。你之所以原諒，是因為你已經是個有力量的人，你清楚地知道自己未來的方向，也了解一些鋪陳的安排。你已經進化成為一個有智慧的靈魂，所以你可以原諒他們曾經的愚蠢行為。你也了解，原諒並不代表接受，也不表示未來你還要一而再、再而三的接受他們的霸凌。因為你成長了，所以才學會原諒。

人生的捷徑

這一陣子接到的問題都是：「我的親人行為舉止上有些異常，是不是受到惡靈的干擾？」「我的前女友怎麼了？是不是受到什麼靈的指示？」「我的父親行為怪異，有沒有什麼驅魔的方法？」……。我是個腦子不太會轉彎的人，有就有，沒有就是沒有，但讓我不解的是：為什麼每一個怪異的行為都跟邪靈歪道有關？雖然想用心地幫客戶們找到真正的問題根源，但大部分的情況下，我發現自己的回答根本就不是客戶想聽的。他們大多想要得到一種不需要花太大的努力就可以解決問題的答案。像是「你去唸個二十次大悲咒迴向就可以了」、「多積善德就可以了」，或者是「你改吃素就可以了」……。這樣的話或許可以讓你的心靈暫時感到安慰，但我卻說不出來，因為它不是真的，也無法根治問題。在我來看，這只不過是一種讓自己不需要正面去處理問題的藉口罷了。

我是個生長在非常傳統宗教背景的人。對於宗教的許多疑問，在我開啟靈性旅程的第一時間就迫不及待地想要研究。我好奇人們為什麼唸大悲咒／心經迴向、燒香拜佛的用意為何，又為什麼要透過神佛來得到療癒……。特別是人們的生活中只要一遇到問題，就想要去廟裡拜拜，好像只要吃個香火符咒就萬事順、百病癒。若是愛情不好、事業不順全都不是自身的問題，而是因為運勢的緣故……。

我在研究後發現，原來我們一直以來都是把這些神助的方法當作是「人生的捷徑」。也就是最不費力，又可以最快從A點到達B點的方法。只要人生中遇到任何不順遂或不如意的事，全都推給上天去負責，我們只需要燒個香、拜個佛就行了。由於「對自己的靈魂負責」的壓力太大，相對的「讓老天對我的一切負責」的想法就顯得輕鬆了許多。

但你們知道這些所謂「人生的捷徑」對我來說比較像什麼嗎？它就好像是生病吃普拿疼的意思是一樣的。它並沒有辦法根治你的病，只能短暫地緩解症狀。若是在症狀減緩的狀況下沒有辦法好好地照顧自己的話，病根還是存在，復發的機率自然也就會很高。難道你們沒有發現在每一次宮廟幫忙處理事情過後，同樣的問題好像每隔一段時間就會再度發生？這其實建立在一個很簡單的宇宙道理，那就是只要你還學不會的功課就永遠會是你的下一個功課。這個功課或許會以不同的人、事、物方式呈現，但是問題本身絕對會是一樣的。在這樣的大前提下，你真的覺得燒個香、喝個符水就可以解決你的問題嗎？

當然，我的好奇心不會止於知道宗教儀式無法根治問題而已。因為這些儀式若是無法根治問題的話，那麼問題本身一定有根本解決的方法才對。直到有一天一對五十幾歲的老夫婦來找我，問我可不可以幫他們的獨生子砍姻緣。因為他們覺得兒子最近遇到的女孩把他帶壞了，讓他變得非常沒有禮貌。基於可以同時間看到未來變動的前提下，我去探索了這個獨生子的資料庫。我發現他與這個女孩是種償還債務的關係。一旦這段感情結束，那麼他自然而然地就會遇到他的真命天女，而後會論及婚嫁並且擁有美好的婚姻生活。然而今日若是強硬地要斬斷這兩人的姻緣，導致他們沒有辦法償還彼此的感情債務的話，那麼這個男人之後雖然還是會遇到他的真命天女，但是現在這個女孩到那個時候就會成為他們婚姻裡的第三者。

於是我把這兩個未來的版本提供給這對老夫婦：一個是他們的兒子會跟現在這個女孩糾纏個三五年，但終究會遇到他的真命天女並擁有快樂的婚姻生活。或是現在先幫他斬斷這段感情，只不過這個女孩未來會成為他們的兒子的婚姻第三者。在掙扎了一陣子之後，老夫婦最後決定讓他們維持現狀，自然地發展下去。

也是因為這個案例讓我意識到，在這對老夫婦眼裡，我就像是那個捷徑，可以直接斬斷這段他們不喜歡的關係。但是再怎麼不喜歡的東西都有它隱藏的功課存在，大部分的人都是透過跨過一個坎來得到成長的，而不是從平順的人生中得到進化的。所以不管我的功力再怎麼好，我始終是個普拿疼而已。靈魂選擇自己的人生藍圖、功課、平台、父母、兄弟姊妹以及伴侶……，全都是幫助你的靈魂進化的種種鋪陳罷了。任何一個外力的介入都不會讓它的大方向改變，而只會讓它變得更複雜罷了。

所以我能夠做的不是直接幫你把問題拿掉，而是透過指引方向讓你可以更正面地去解決自身的問題。在研究多年後我發現，人生不是沒有捷徑，但與其將所有的責任推卸到老天身上，最好也是最快的方法就是直接地去面對自己的恐懼，去處理你所害怕（或是不喜歡）的事物。如果你每天都可以給自己一點點的勇氣去面對的話，那就是你人生中最快的捷徑。

尋找生命的平衡點

頻道
第99集

朋友跟我說她的女兒在學校遇到一些霸凌的舉動。基本上就是她的女兒與隔壁鄰居的小孩很要好，那個小孩平常也是個不錯的孩子，但不知道為什麼，只要一進了學校就會對她的女兒言語霸凌（像是罵她很醜、很笨又不懂事……等）。一離開學校又會開始對她的女兒表示善意。

於是我問朋友的女兒：「妳為什麼要跟一個會經常用言語傷害你的人繼續當朋友呢？」朋友的女兒也是個看得到鬼、自尊心又高的小孩。這常常讓我聯想到自己的小時候，或許是因為知道自己跟別人不一樣，但又急著想要讓自己融入一個團體，所以常常會不自覺地允許他人言語上或是行為上的霸凌。

看她一直無法回答為什麼，所以我改問：「那妳喜歡跟這個小朋友做朋友嗎？」她就說：「喜歡啊。只要她不要言語霸凌我。」我說：「那妳為什麼不這樣跟她講呢。妳知道嗎？只有沒有安全感的人才會用言語來傷害妳，因為那會讓他們覺得自己好像比妳優越。此外，他們大多害怕被人攻擊，所以才會先攻擊別人來保護自己。」

人往往是用自己的偏見在評斷這個社會。我們防備最深的事往往也是我們最害怕的事。也就是說如果我害怕別人覺得我很醜的話，那麼我在觀察別人時第一個會注意到的就是他們醜的地方。就像是怕胖的人，第一個會去注意的就是別人胖的地方。

所以我就跟這個小女孩說：「當人們在跟自己的不安全感抗戰的時候，妳沒有必要跟他們一起玩那個遊戲。如果她是個好人，那麼妳可以繼續跟她做朋友。但假若她總是要把自己的不安全感拿來讓妳受罪的話，那麼妳可以選擇離開。」

見朋友的女兒似懂非懂的樣子，於是我又換了另一個解釋方法：「妳會跟別人說她很醜嗎？」

小女孩很直接地回答：「不會。」

我：「為什麼不會？」

小女孩：「因為這樣子會傷害到別人。」

我：「沒錯。今天因為妳不想要傷害到別人，所以妳不會說別人醜，對不對？」

小女孩：「對。」

我：「那今天這個人為什麼說妳醜？這個人的動機是不是想要傷害妳？又假若她不是要傷害妳，只是希望自己在別人眼裡看起來比妳高一等而已，那妳又為什麼要接受這種以比較做基礎的友誼？妳知道如果自己允許這樣的行為之後會產生什麼樣的後果嗎？」

小女孩這個時候搖搖頭，於是我進一步說下去：「妳就是在教育整個學校的人都可以這麼對待妳。今天妳如果允許一個人這麼霸凌妳，那妳就不自覺地在示範他人也可以這麼對待妳。這是妳想要的嗎？」

小女孩說：「不要。」

我說：「好。如果妳不希望全校的人都被誤導他們是可以霸凌妳的，那麼現在最好的方法就是由妳來教育他們什麼是可以的，以及什麼是不可以的。這個人還是可以繼續當妳的朋友，可是每當她有一點點不適當的行為產生時，就該由妳來告訴她：『對不起，我並不喜歡這樣子的行為。如果妳還要繼續這樣子的行為的話，那我會選擇不要妳這樣子的朋友。但若是妳想要維持朋友關係的話，請妳糾正這樣的行為。』」

另外也有一個網友提到，他說在靈學路上遇到一個常常會用言語抨擊他的朋友，讓他覺得每次稍微有一點點信心，就很快地又被打壓了下來。然後那個人還跟他說：「如果你可以承受我這樣子的抨擊並無視我的話，那你就做了你的功課了。」這個網友同時提到自己一直都是這種忍辱負重的個性，認為所謂的「處理功課」就是「如何可以在一片混亂中找到寧靜」。

我沒有辦法替新世代或是國外的世代發言，但就我這個世代來說還真是個忍辱負重的世代。特別是亞洲環境所孕育出來的「臥薪嘗膽」文化，總是教育我們要有所付出才會有所收穫，也就是遇到什麼事都忍著點，以致於我這個世代所教出來的小孩每個人都把吃苦當吃補。所以對「做功課」的觀念就是硬吞自己明明咬不下去的菜，或是強迫自己去跟渣男／渣女共處一室。由於我們總是在研究自己要如何去接受自己不能認同的人，以致於每每生命中有什麼不能圓滿的事，我們第一個習慣就是回來檢討自己，想要透過改進自己來達到與之共處的結果。也是因為這種忍辱負重的心態，常常讓我們受困在生活的泥淖裡。所以當我們看到外國人可以勇敢地做自己與表達自己的時候，總會不自覺地感到羨慕。

我要說的是，在許多年的靈性旅程裡，我也是習慣性地用非常傳統的亞洲方法在處理事情，當我們遇到不喜歡的事情時，就會選擇消極的逃避或隔離方法來處理問題，也就是外國人所說的All or nothing。但其實在生命中要找到比例上的平衡其實才是最不容易的。舉例來說：如果我覺得自己是個正向思考的人，那我就要完完全全地不能有任何負面的思考。然而，這種作法才是最容易讓生命失去平衡的。因為在宇宙一體兩面的原則之下，正反面往往是共存的。也就是說當一個人沒有嚐過痛苦就不會了解要如何擁抱快樂。所以All or nothing的觀念在宇宙底下並不適用。如何找到最適合自己的比例（所有事物的平衡點）其實才是每個靈魂所要做的功課。非黑即白的單向思考其實很好做，但卻無法為問題找到答案。往往我們假裝不存在的問題在過了五、六年之後，還是會回來成為我們必須去面對的功課，特別是家人的問題。

此外，在一個靈魂還沒有辦法真正地了解自己以前，要找到那個平衡點其實會更難。因為你只會做別人要求你要做的事，但你卻無法知道那是不是你真正想做，或是可以接受的事。所以在未來的文章中，你們可能會不斷地聽我重覆「你們要找到自己與自己的價值」，因為你會慢慢地發現這是很多事情的基礎。在人生中找到平衡點很重要，也就是當你接受一個人的時候並不是照單全收，而是在面對自己無法接受的同時，也能夠鼓起勇氣表態。不管對方是什麼年紀與身分，你都可以清楚地知道自己的界線在哪裡，並明確地表明自己的立場。透過不斷地教育以及表達的勇氣讓你愈來愈清楚自己是什麼樣的人，以及自己可接受與不能接受的平衡點在哪，進而慢慢地建立出一個你可以自在當自己，又彼此尊重的社群。

Part

3

那些關於——恐懼、生病和死亡的事

讓我們繼續討論死亡這個話題吧

頻道第66集

朋友往生的媽媽問我：「就這樣子了嗎？我的靈魂就這樣子結束了嗎？」

雖然我們兩個生前不相往來，也沒有特別喜歡對方。但在面對人剛過世時的徬徨與無助，讓我好聲好氣地說：「沒有人會『就這樣子結束』了。即便我只了解這全宇宙的百分之一，但從我過去的經驗來看，你的靈魂導師絕對不會讓你就這樣子結束了。他很快地就會讓你了解自己存在的價值。」

之所以提到這件事，是因為我想要說：今天不管你信奉什麼宗教，抑或是你根本不相信有任何宗教的存在，你們絕對都有靈魂導師／高等靈魂／天使／守護靈的守護。祂們在你往生的時候，會幫助你了解自己生前的鋪陳與功課，也會在你茫然的時候照顧好你，以協助你進化到下一個階段。你將會發現沒有任何人的存在是完全沒有意義的。

但更重要的是，不要在死後才遺憾自己的存在沒有任何的意義。我們大可以在生前就讓我們的存在有點意義。我們每天都可以為自己、為他人做點什麼，即便不是什麼大慈大善，但日積月累的小事件都可以成為未來的大改變。如果你真的想要讓自己的靈魂在生前有點存在的價值，那麼你現在就可以開始動手去創造那些改變，而不是等死後才來問靈媒「我的人生就這樣了嗎？」

以下來回答一些關於死亡的問題：

請問死的人會不會感到害怕？

我不是很清楚你所謂的害怕是指什麼，但我這麼回答好了：如果你所謂的害怕指的是他們面對死亡之後的未知世界是否會感到恐懼？那麼答案是他們可能會感到短暫的困惑，但不會有「害怕」這個情緒。通常高靈的陪伴會讓他們很快地感到鎮定與安心，甚至有時候當他們看到自己的死亡對所愛之人造就多少痛苦時，可能會感到難過與心痛，但那並不是害怕。大部分的人只有在生前才會害怕死亡。

人的各種死亡都是自己選的嗎？不論是自然死亡或是各種原因。

人的生命中都是充滿選擇的。像是之前提過你選擇你的父母、靈魂伴侶、身體、功課、平台、目標、星座、血型……等等，甚至什麼時候出生都是可以自己選擇的。

我之所以說「選擇」很重要，是因為在你的生命中無時不刻都是在做選擇。舉例來說：今天就算有人冒犯了你，你可以選擇回應他或是不理他。所以說我們人生中的每一刻都是在做選擇。如果今天有選擇走A的路，那麼自然就會有選擇B所產生出來的路。

如果了解這個道理，那麼讓我們再回到你上述的問題。「選擇死亡」比較不會像是你選擇幾年幾月幾日要死掉（除了老死。但即便是老死也不會有確切的時間，而是大概的壽命），反而比較像是為了讓某個情境／課題產生而必須置入「死亡」，那麼在鋪陳藍圖時就會與參與的靈魂（們）討論死亡的可能選擇。如果參與靈魂（們）的功課是必須要透過某個靈魂死亡而產生的，那麼死亡的結果就是必然的，只是方法與途徑會依照靈魂當初的協議與設定來決定。所以以另一種靈魂的角度來回答：他們的死亡是可以選擇的，但取決於靈魂的鋪陳與必要性。在靈魂鋪陳藍圖時，常常是以神性來取代人性，以致於輪迴投胎後的結果不一定是人的意識與邏輯可以解釋的。一旦你跳脫人類的思維，你會知道任何事情的發生都是有原因存在的。

台灣有傳統佛道思維的人，在親人往生的時候都會請人來念經，而且是持續念很多天，這真的對往生者有用嗎？還有的習俗會做七，這真的對往生者是好的嗎？往生者真的需要做七嗎？還是其實只是因為生者想要做點什麼而已，已經離開肉身的亡者靈魂根本不需要這些念經和做七？還有每次念經做七甚至出殯的葬禮，往生者的靈魂都會到現場觀禮嗎？

如果今天單純回答這個問題，我不能直白地告訴你念經對往生者來說是有用的（或許對於往生者生前有虔誠的信徒來說，可以多少幫助他們放下）。不過，在國外，鮮少在人死後唸經，往生的鬼魂同樣可以進化到下一個階段。但我也不能夠因為這樣就說唸經、做七一點作用也沒有，因為我相信有些誦經者是真心地希望那些人能好走。在這麼久的觀察來看，我發現一個人的動機會遠勝過他的行為儀式。以傳統的習俗來講，我相信這個儀式的起源是單純地希望能夠給往生者一些祝福。祝福本身對於往生的人是有用的，至於形式是什麼就沒有那麼重要了。所以與其說是想為亡者做些什麼，倒不如說是在世的人想為自己的罪惡感做些補償。已離開肉身的亡者並不真的需要這些儀式，但是不管是中西方的葬禮，亡者大多會到場觀禮喔。

如果你了解生命，那麼你也就能了解死亡

在我開始談「死亡」以前，我想先跟大家討論一下「生命」是什麼。當一個靈魂選擇了要投胎的父母，一般來說，他們會清楚地知道自己究竟會不會被生出來。也就是說如果你肚子裡的小孩子成胎未滿三個月，那麼他很可能會圍繞在你的身旁，但靈魂卻還沒有完全地在附合在你體內的胎兒身上。

為什麼會是三個月呢？因為每個生命的形成都必須要具有基本的三個

要素：靈魂、身體（負責邏輯的腦子。因為得要透過意識創造觀念來分析事情，才有辦法創造出功課）、心（負責情緒的工具。藉此你才能夠對萬物有所感受）。如果你了解這個道理的話，那你就會知道一般在懷孕三個月後，胎兒的身體才會開始成形，也是在這個時候靈魂才會開始慢慢學會與自己的身體做連結。然而即便如此，一般靈魂也不會在與身體連結之後就乖乖地待在你的肚子裡，大多是從腹裡的胎兒開始成形之後慢慢地學會連結，隨著後期發育愈來愈完整時，靈魂待在體內的時間也會跟著變多。要不然在那之前，多半像放風箏一樣，在母體外到處亂跑，偶爾再回到肚子裡稍做休息。由於靈魂與實質的身體連結需要時間，所以即便在他們出生以後，靈魂也還在適應這個身體。那感覺就好像機器人突然被注入靈魂一樣，你會發現他們會常常看著自己的手試著運用他們，抑或是試著爬行、跑步、說話……等等，這全是靈魂在學習運用這個身體的一個過程。

一般來說，約莫要等到五歲左右，靈魂才會開始完全地適應自己的身體，並接受「這就是我這輩子要用的身體了」的感覺。而靈魂的人生功課也會在這個時間開始成形。

所以「生」指的是靈魂進入身體，開始與身體的所有感官連結並學習如何應用這些感官去面對人生的功課。而「死」基本上也是同樣的道理，就是靈魂已經完成他這輩子投胎的使命，準備要切割與這個身體的所有連線，也就是靈魂將抽離這個身體而不再感受到任何的感覺。

有人問我：像是經歷車禍、刺死、痛苦的死亡方式往生的人，會不會感覺到痛？

靈魂其實有一種自我保護機制，那就是當他身體可以承受的痛已經遠大於他的靈魂可以負荷的時候，靈魂會選擇暫時抽離這個身體（就好像人們常常會因為過度疼痛而昏厥一樣）。一般會等到身體沒有那麼痛的時候，靈魂才會再慢慢地回到體內甦醒。

請問亞洲人說的「三魂七魄」。（三魂就是其中一個去投胎、一個跟著回家讓我們祭拜祖先，另外一個就是留在原地，自己慢慢消失或有時候駐足在原地。）

基本上，所有的靈魂都有進化的本能，所以他一定會去投胎或者是昇華。至於靈魂會選擇以什麼樣的方式進化，那完全取決於他的靈魂導師的安排。

在這裡我想要跟大家討論佛教常提到的三魂。一般人死亡之後都會分化成這三種存在，雖然在大部分的靈魂眼裡看起來都像是往生者的形態，但是本質上卻是有所不同的。

第一個魂是Soul（靈魂）。也就是你們認知中所謂的「本靈」。這個靈魂（Soul）是一定會選擇進化，不管是去投胎還是以其它的方式存在。

第二個魂是Logic（邏輯）。邏輯一般是透過個人的家庭、教育、文化、背景、環境等因素所形成。人的輪迴裡往往是透過邏輯來產生人生功課，所以這樣的意識往往會在人死亡的時候被留在原地。有許多靈媒的眼裡也會反應出他們生前的形態。

第三個魂則是Emotion（情緒）。情緒不會受意識影響而駐留在原地，一般是羈絆著他們牽掛的人，因為情緒大多是透過人與人的互動而產生。通常會被請回來的「靈」多半是由情緒所凝聚而成的能量，也就是我們和這個人生前產生的情感。每當我們在祭拜某個人時就會不自覺地回想起之他之間的互動，通常我們祭拜的是這個感覺，而不是他的靈魂。

清明節祭祖對往生者也是一種祝福的能量嗎？如果祖先已經不是鬼，或是已進化到下一個階段了，這個祝福的能量還是能到達他們那邊嗎？

當我們祭祖的時候，如果我們仍舊因為過去而感到悲痛，自艾自憐，那就不是祝福的能量。但如果我們可以帶著「不管現在你在哪裡，我都希望你過得好好的」的心態，那這就是所謂祝福的能量。這種能量不會受到時間與空間的限制，也就是說不管他身在何處，更甚至是已經投胎了，他們都可以透過靈魂導師的感知來感受這樣的能量。這種「祝福的能量」對已經投胎的人來說，就會像是「今天突然莫名地好運」的感覺。

傳統上，有所謂的把先人葬於「能量風水穴」能有助於後代家族的說法嗎？

這個說法存在，也有它的真實性。但不完全是因為祖先的墳葬之地可以決定後代子孫的運勢。後代家族運勢的影響力，其實多半取決於人的「意識能量」。

少數人（或多數人）對於一塊地的風水好壞的觀感，有時候會直接地（或間接地）影響到後代子孫。當同樣的事情不停地被不同的人灌輸相同的信念時，那這樣的能量就會成形，就如同我們之前所說的能量運作一樣（意念一旦被創造就會如同漣漪般擴散，遇到對應者後再反射到起始點）。當宇宙底下有這樣的信念產生時，需要平衡它的反作用力就會同時產生。也就是說，有讓人相信的事情，自然就會有願意相信它的人來吸收。如果家族世代都認為一塊地會影響到自己或後代子孫的前途與運勢，那麼這樣的信念就會產生出對等的實相，而人也就自然地會被影響到。

植物人與死亡

今天要來討論「植物人」與「死亡」的差別。在我的觀念裡面，「植物人」並不像是死亡，反而比較像是深層的夢境。

人在作夢的時候雖然身體感官並沒有太大的感覺，但意識會清楚地知道自己是活著的。而「夢境」與「植物人」的差別在於：當我們在作夢的時候，我們的靈魂只是短暫的離開，而我的身與心還是有想要完成這輩子功課的渴望。這種渴望會使得靈魂與身體還是緊密地連結在一起。然而植物人的狀況可能是經過某個事故或是生活的困境導致靈魂抽離了自己的身體，而產生無法回歸連結的狀況。身體需要透過三個要件來正常運作：身體、心臟與大腦，靈魂則需要透過三個要件來完成功課：靈魂（它就像是掌管木偶的那隻手，每個人都需要有個靈魂才能操控身體）、身體（人透過身體的感受來製造課題）與心（這裡指的是情緒。因為透過腦子思考產生課題之後，還需要有心去感覺才會產生情緒，有了情緒才能開始做功課）。

所以，在一個靈魂的生命旅程中，當這其中一項要件受到太大的衝擊時（這與事件本身的難易程度無關，而是與事件對當事人的衝擊力有關），那麼靈魂就會選擇抽離自己的身體。若是衝擊力過大，會導致他們的靈魂需要重新與他們的身體連結。但更多的時候是因為靈魂離開身體太遠，讓他們產生嚴重的迷失感，抑或是他們的意識不想面對意識的「過度思考」或過多的情緒問題。當身心靈的創傷遠大過於他們的靈魂可以承受的時候，他們也會處在不想醒來的狀況。

對我來說，植物人分成兩種。一種是需要透過儀器幫助呼吸，而另外一種則是可以自主呼吸的。這兩者的差異在於靈魂與身體的連結程度。「死亡」就像是把身體和靈魂像魔鬼氈撕開成為兩個獨立的個體。而「植物人」雖然身體與靈魂分開，但卻還是有不一樣程度比例的結合。這個比例有可能是百分之二十五，也有可能是百分之九十。基本上如果靈魂與身體的分離比例愈高，那麼植物人需要仰賴生命儀器的比例也會愈高。

所以形容植物人最好的詞彙不是「死亡」而是「深度的睡眠」。就像你在睡眠狀況的時候，雖然你的靈魂會到處亂跑，但你的靈魂還是擁有這個身體的主權。植物人也是同樣的狀態，差別只在於連結的百分比多寡不同。

總結一下：植物人分成需要透過儀器以及不需要任何儀器就可以繼續存活兩種，這取決於靈魂與身體的連結比例。一般來說，靈魂抽離身體的百分比一旦超過百分之八十，那麼在沒有儀器輔助的狀況下可能無法存活，也等同於死亡。

為什麼大多數的植物人都需要透過儀器繼續活下去呢？其實大部分的原因在於還活著的人學不會放下。「植物人」和「死亡」的功課很像，都是活著的人要做功課。若是在沒有任何儀器仍存活的狀況下，植物人本身可能也有需要去面對的功課。不過每個人的功課不一樣，我自然沒有辦法一概而論。或許你們在投胎前就協議好某一方會變成植物人，而另一方則是要學會放手，也有可能你們彼此協議好在一方成為植物人的這個階段，彼此都可以去面對自己內心的功課。

我曾說過，一個靈魂約莫需要五年的時間來適應身體。像植物人這樣靈魂突然被抽離開身體又回來的狀況，其實會讓靈魂有點不知所措。所以大部分的植物人在醒來的好一段時間都會有種迷惘，又或是現實與夢境交替的感覺。不過單就我目前接手的案子來看，由於他們本身都有強烈的想要回來的意志，所以多半都可以在昏迷後不久的時間恢復意識。會一直沈睡不醒的，可能是靈魂本身對於清醒時的身心靈就有很大的抗拒（可能是不清楚自己的價值、不知道未來的方向、或是生命中有太多不想去處理的問題……），所以他們寧願讓自己處於那種陰陽交替的狀態。

有網友問我，植物人是不是能感覺有人在跟他說話。這個答案其實跟他的靈魂與身體的連結度有關。你雖然沒有辦法知道他能不能感覺得到你，但我可以很肯定地告訴各位：因為植物人的靈魂已從身體抽離開來，所以基本上也等同是一個自由行動的靈魂。姑且不討論他的身體能不能感覺到你，但靈魂的本質是可以感受到任何事的，包括你的動機、初衷、祝福和情緒。靈魂是不需要靠語言就可以溝通的，除非這個植物人過度地活在自己的小宇宙裡（但這個跡象幾乎是在他清醒時就可以察覺的），要不然在植物人的狀態下應該是可以感受到你所要傳達的一切。

以第三者的立場，如果你真心地想幫助一個植物人的身體和靈魂做連結，那麼最好的方法就是「相信他是感覺得到你的」。因為事實是在靈魂的狀態下他是真的可以感覺到你，這個時候你給他的愛與祝福都會是一種暖暖的能量，而這種暖流般的能量則可以幫助他們的神經感官慢慢結合喔。

靈魂、身體和理智（Soul, Body, Mind）

在之前的文章討論「生」與「死」的時候，有提到一個人需要有靈魂（類似於身體的能量來源）、身體（以創造出情緒與感受）、以及理智（觀念的產生以形成我們對事物的獨有判斷力。不管觀念正確與否，都可以藉此創造出自己的功課）的組合才可以幫助一個人克服他的人生功課並完成人生目標。

如果你了解這個概念的話就會知道：一個人若是要執行功課就必須擁

有三個基本要素——靈魂、身體、理智。這三者之間一旦失去了平衡就容易造成不管是身體上或是心理上的疾病。也就是說：要維持身體的健康，就必達到這三者的平衡。你不能一味地追求靈學，卻不注重自己的健康。同樣的，你也不能光注重自己的飲食、運動卻忽略自己的情緒與感受。

先前的文章也提過，靈魂透過一種暖暖的能量與身體進行緊密的結合。這也是為什麼小孩子在母體懷孕的九個月裡會透過吸收母親滿滿的愛來幫助自己身體與靈魂的完全結合。即便在懷孕期間母親的情緒起伏較為激烈，小孩也可以在出生後約莫五年的時候，透過來父母的愛與擁抱而學會與自己的身體結合。

小孩子出生後的前五年是很關鍵的時刻。這五年除了可以讓身體和靈魂做完美的結合之外，也同時可以決定他的心智、感官與感覺是否正確（因為這都是未來觀念產生的基礎）。在這五年之內，你對這個世界的認知與了解都會是鋪陳你未來功課的基礎。

如果到目前為止你的了解都沒有問題的話，那你就會知道我們必須要找到靈魂、身體、理智（Soul, Body, Mind）三者的平衡，才可以幫助我們克服我們的人生功課，好繼續朝著我們的目標前進。或者該說是透過克服人生功課而找到平衡身心靈三者的方法。

我上述的「靈魂」指的是我們的信仰。當然，我所說的「信仰（Faith）」並不是你選擇的宗教，而是你對於你這個靈魂的整體認知與信念。例如你相不相信自己存在這個世界上的意義，相信不相信你個人的價值，或是你能不能明白事件的發生是為了讓你成長……等等。總結來說：就是你對自己的靈魂有沒有信心。

而「身體」則是為了幫助你的靈魂克服功課和完成目標的一個重要工具，所以照顧好這個身體是你的責任。身體反應的往往是靈魂所下達的指令，例如：你的靈魂一直告訴自己「喝水都會胖」，那麼接收到這樣指令的身體就會產生出「喝水都會胖」的實相。又或者你的靈魂相信自己是很年輕的，那麼你就會同時感覺到無窮的動力。身體總是不斷地在接收靈魂傳達的訊息，像是用腦過度頭會開始有點痛，或是壓力太大肩膀會有點緊……等，只要稍加地練習去觀察自己的靈魂在傳達給身體什麼樣的訊息，那麼在接收到身體所傳達的警訊時就會懂得要適當地放鬆與休息。

「理智」則比較像是由外在環境所產生出來的成果。它可能是一些需要人腦去思考的事物，包括科學、實驗、研究、觀念，更甚至是情緒等等，這些往往不是與生俱來的，而是透過外在環境（如文化、家庭、教育、國情等等）影響而產生出來的觀念與認知。

身體上的任何疾病多半是這三者間有一方失去了平衡。今天不管你生的是什麼樣的疾病，如果你可以每天讓他們三者好好地坐下來開個會，並達到百分之六十至七十的共識與平衡的話（也就是各占至少百分之二十的比例），那麼身體自然就會開啟自我療癒的功能。

小練習　讓靈魂、身體、理智平衡

好好靜下心來，並客觀地分析我們每天使用靈魂、身體、理智的百分比。例如：我是不是都讓邏輯來掌控我的決定？我是否有選擇好的食物來照顧身體？我是否相信自己存在的重要性與意義？我是否有正視自己的感受？

當你能夠正視並反省自己，你也就能夠大概理解自己為什麼會生病，以及為什麼諸事不順的原因。

失眠的導因

要成為一個健康的個體就必須要在身體、靈魂和理智三者間得到平衡。這三者一旦失衡，你的健康就會開始出現狀況。而「失眠」也列入相同的定律之中。當然，若是我們總以一生做為單位來計算，可能太過遙不可及，所以我們就暫時以一天來做為單位計算。我們將一天分成三個等分的圓餅圖，而這三個等分分別是身體、靈魂和理智的使用度。

一天裡面有三分之一的時間是你的靈魂需要休息的時間。除了睡覺以外，有些人也會利用別的方式（像是看書、禪修、靜坐、瑜珈……等）來讓自己的靈魂與身體產生連結並得到休息。這樣子的人可能不需要太多的睡眠時間，但大部分的人所需要的睡眠時間一般約莫在八個小時左右。

那麼睡覺的時候我們都在幹什麼呢？「睡覺」基本上就是讓你的身體關機（Shut down）。你可能在一天之內產生了很多怎麼想都想不出答案的問題，這個時候你的靈魂就會趁著你的睡眠時間回到源頭（Source）去尋找答案。有時候可能只是透過一個夢境來讓你得到一點暗示，有時候也可能與你往生的親人做個連結以獲得你所需要的勇氣。

若是人們抗拒睡眠的話，那麼靈魂與身體的接合度就會開始產生偏差。大部分的人應該可以感覺到自己的味覺會有點鈍化，好像沒有辦法真正地嚐到食物的味道，感官上會有將近五到十五度的遲鈍感。你把自己想像成一支手機，可能就會很好理解，如果手機電量不足還不充電的話，那麼隔天就一定會自動關機或是沒有辦法使用。

至於是什麼原因導致你失眠呢？就我目前的現有案例來回答：這主要是來自於你的感官、情緒與邏輯過度運作的原因。大多的情況是因為你的理智與邏輯想要控制一天裡所有的百分比，導致你的健康出現了不平衡。當你的邏輯總是不斷地在分析所有的事情，想要用它來解釋一切問題並想出所有的解決方法時，那麼當你的靈魂想要休息回到源頭時，你的理智就會對靈魂大喊：「不，你沒有這樣的權力。」所以當你睡不著覺的時候，大多可以感覺到腦子裡有接二連三的事件在占據你的思緒。即便你覺得自己明明沒有在想什麼，但腦子卻總是不斷浮現出「你應該做什麼……」的句子。再加上社會的運作制度常常讓人們忽略靈魂的所需所求（也就是靈魂想要什麼並不重要，更重要的是滿足社會對我們的期待），導致靈魂根本沒有什麼發言權，總是讓邏輯意識壓得死死的。失眠，換句話說，只不過是我們害怕失去身體的掌控權所產生的顯相。

既然如此，我們又可以如何去處理自身「失眠」的問題呢？其實你要做的就是好好地思考自己是否有平均分配靈魂、身體與理智的使用度。當你愈是了解自己，你就愈能掌控這個身體。因為這個身體是為了幫助你的靈魂來完成功課的，而不是來滿足他人的期望與需求的。所以與其讓你的身體來掌控你的靈魂，你更應該問的是：我可以如何運用這個身體來幫助靈魂成長與進化。

我個人喜歡養成一種「睡眠暗示」。也就是說每天照著一個規律的流程讓自己的身體慢慢地進入睡眠的狀況。我會躺在床上從有視覺音效的電視開始，然後再換到有視覺沒有音效的臉書，接下來是有視覺沒有文字的Instagram或Pinterest，最後進入到沒有音效沒有視覺的電子書……，這整個過程約莫要二十到三十分鐘左右的時間，每每照這個順序來走，我的意識就會慢慢地進入一種休眠狀況。如果你跟我一樣是晚上腦活動量旺盛的人的話，那你也可以考慮創造出一套適合自己的方法來養成專屬你的睡眠暗示。當然，每個人的方法不一樣，但舉凡你覺得可能有用的都可以拿來試試（例如睡覺前喝杯熱茶或是看一本書……等）。此外，任何習慣的養成只需要二十一天。一旦當你的習慣開始養成了以後，你就會發現很神奇的事，那就是當你開始執行睡眠暗示的時候，你的身體就會自然而然地想睡覺了喔。

夢的對話

在開始之前，我想先回答一些關於睡眠的問題。

為什麼總是睡不夠，或是感覺愈睡愈累，這是什麼樣的情況？

通常會有這樣的情況發生，是因為你的腦子在你醒著的時候就不斷地在掙扎，以致於你的身、心、靈產生了不協調的狀況。睡眠時間是靈魂與身體重新做連結與充電的時候，一旦人們在醒著的時候過度允許邏輯掌控生活中的每一個決定，那麼在睡覺的時候這樣的習慣就會一直持續下去。也就是說你的身體其實沒有辦法完完全全地放鬆與休息。所以我的建議是：最好讓自己在醒著的時候，多做一些能讓自己身心靈平衡的事。

為什麼小孩子總是愈睡愈多也容易賴床，而老人家是反過來呢？難道這是因為充電充得愈來愈順，因為熟練了，所以不需要花那麼多時間，還是單純只是生理現象呢？

小孩在五歲以前的身體還在跟靈魂做連結，正在連結的狀況下就會需要很多的睡眠時間。同樣的情況下，你會發現青少年在生長期也會睡得比較多，因為他們的靈魂需要重新適應發育成長的身體，所以他們相對的也會需要比較多的時間睡覺。

而老人家並不是因為熟練了而睡得比較少，我發現，通常人到了一定年紀之後，可能是因為他們相對變得比較睿智了一些，所以往往不需要太長的睡眠時間就能達到身心平衡的狀態。

我不是一個解夢專家，所以只能以我個人的觀察來跟大家討論「夢」是什麼。

現在的我雖然是個不太作夢的人，但是小時候的我很常作夢，無色的、多彩的、重覆的夢、甚至還有夢中夢……，但隨著我的年紀愈來愈大，開始學著向內尋找自己並試著找到靈魂與身體平衡點的時候，我就發現自己不太作夢了，一旦進入睡眠狀況的時候就真的是身體在重新充電（Recharge）。我尤其不太會夢到現實生活中認識的人。假若我的夢裡出現認識的人，一般來說都是他們在清醒時有什麼說不出口的話，或者是他們剛好想到我。

夢有很多種。有一種夢與你的現實根本完全扯不上任何關係，在夢裡你可能遨遊了七大洲，也可能到你完全沒有去過的星球探險。睡眠時間是你的身體與靈魂在重新充電，特別是當你在現實生活裡遇到困境而找不到出口時，你的靈魂就極有可能在你睡眠時回到源頭去尋找答案。但如果你的夢境與現實出現了南轅北轍的差距，一般來說是你的現實生活裡太過於壓抑自己的靈魂，以致於一旦你入睡，你的靈魂就好像被關了一整天而迫不及待地想要出遊一樣，因為在那樣的世界裡你才可以真正地做自己。

所以如果有人跟我說他們的夢很精彩，我通常都會建議他們把夢記錄下來。如此一來，當你回顧的時候，你才可以藉此提醒自己「這才是我（我要成為的人）」。

還有些人在醒來後只記得自己有作夢，但卻不記得作了什麼夢。我不能告訴你夢境裡出現的事物代表什麼意義，因為對我來說你夢裡出現的事物都沒有任何意義，唯一有意義的是這個夢境所殘留給你的感覺。這種感覺可能快樂的、悲傷的，抑或是困惑的，但這種情緒殘留的夢多半是反射你在現實生活中所遭遇的感覺。只不過這樣的感覺對你的靈魂來說雖然很重要，但卻在你清醒時被你的邏輯與理智所忽略，以致於你在睡覺的時候，這些壓抑與隱藏的感覺會全部浮上檯面。當這樣的感覺透過你的夢境殘留下來，你該著重的不是夢境內容，而是該理清自己的現實生活裡有什麼事情讓你產生相同的感覺，並學會去正視它。

我會說「夢境的產生」往往是你在現實生活中有需要被提醒的地方，所以在你睡覺的時候，才會把相同的情緒再度浮上檯面，讓你作了一個情境完全不同，但是感覺卻是一模一樣的夢。

另外一種夢是「前世今生夢」。這種夢與其它的夢很不一樣：一般的夢很像在看電影·你會以一個第三者的角度在觀察你的夢境，所以即便你有情緒，但是你的身體不會有太大的感覺。然而前世今生的夢卻會勾起你前世的肌肉記憶。所以當你置身在這樣的夢境時，你的身體會有一種實質的感覺，讓你好像聞得到花香味，抑或是感受得到微風撫過你臉頰的感覺。當有人觸碰你的時候，你甚至可以清楚地描繪出那樣的觸感。這種感覺就像是我問你「你生命中的第一支棉花糖是什麼味道」時，你的肌肉就會開始拉回那個記憶。你會開始回想那是什麼味道，彷彿你還可以嚐到一樣，然後你會開始回想起那一天的天氣，以及你遇到了誰又碰到了什麼。你的身體會開始回想起由棉花糖所延伸出來的種種感覺。前世今生的夢會讓你有種身歷其境的感覺，這基本上是建立在靈魂所儲存的肌肉記憶的緣故。一旦你回顧起一段過去，你的身體就會憶起那段記憶的觸感。

至於為什麼會做「前世今生的夢」呢？這其實跟其它的夢是一樣的情況：源自於你的現實生活中正在經歷類似的體驗。它或許不是完全相同的場景與鋪陳，但是你的心境與體驗是相似的。所以在經歷過這種的夢境時，我建議的處理方法其實會與之前的方式一樣：「你會如何處理你的現實生活的問題呢？當同樣的事情再度發生時，這次的你會做出什麼樣不同的改變呢？」往往當你拿著相同的情緒在現實生活裡探索時，你一定可以找到這個前世的記憶為什麼再度浮上檯面的原因，透過這樣的似曾相識來幫助你找到生活的另一個出口。

總結來說，睡眠是你的靈魂與身體重新連結與充電的時候，靈魂在清醒時無法解決的問題很可能會透過睡眠時間來協助你找到答案。所以作夢就是這樣的道理。特別是那些你在現實身活中一直逃避去面對的，很可能就會在你睡眠的狀態下顯化。像是你的內在如果是個很勇敢又愛冒險的靈魂，但現實生活裡你卻內向又膽小的話，那麼這個時候你的靈魂就很可能會透過夢境給你個「小提醒」，讓你感受那種冒險又刺激的感覺。藉此來告訴你那才是真的你，所以你的問題不是我作的夢究竟有什麼樣的細節，而是「我該如何做才能讓自己的內在跟外在達到平衡呢？」

又或者是，大部分的夢境會反應出現實生活中有注意到或沒有注意到的問題。所以我個人不會去鑽研夢境中出現了什麼東西。除非這個東西在我的現實生活裡有某種程度上的意義，要不然我通常只會建議人家去注意這個夢所殘留下來的感覺，因為那個感覺往往才是你真正需要去處理以及面對的功課喔。

靈媒對濕疹的看法

頻道
第 79 集

在開始之前先跟大家做個聲明：我所分享的任何的醫學研究都只是我這些年來的個案觀察。我只是想分享一些人們看不到的觀點幫助你們療癒自己，但卻不是所有疾病的解藥。關於醫學與物理上的實質建議，還是請各位尋找專業的醫生治療喔。

就我這些年的觀察，濕疹跟你這輩子或是前世的某個情緒有很深的關聯。這個連結使得你這輩子每每經歷相同的情緒體驗時，你的皮膚就會因為舊有的肌肉記憶而產生類似的反應。

我的前腳上有個不定時會發作的濕疹，一旦發作起來常常會大面積擴散，而且還會癢到睡不著覺。不管我看了多少次醫生，這個濕疹總會一次又一次地回來。花了好長的一段時間，我才意識到這個濕疹與我某一個前世的連結。在那一世裡我正在爬一座雪山，整條腿都凍傷破裂，深陷在雪地之中，但我還是強迫自己繼續行走。我不確定要走到什麼地方，但卻強烈地感覺自己已經身心疲憊，無法再繼續行走下去了。那一刻的我自覺在走一條十分遙不可及又艱辛的路，所以每當現實生活裡我感覺自己又在走一條很孤獨、艱辛又看不到未來的路時，我腳上的濕疹就會發作，因為它會回憶起前世那段艱辛、孤獨又看不到未來的過去。

我曾說過：身體只不過是靈魂的一個工具。你身體所感受到的種種體驗大多是來自於你靈魂的設定。相信大家一定都聽過所謂的「肌肉記憶」——就好比你小時候騎腳踏車，但在長大的過程裡有好一段時間沒騎。雖然腦子裡認為自己應該生疏得不記得如何騎腳踏車了，但一旦騎了車練習個幾次之後，兒時騎車的記憶似乎又會回來。這是因為你的肌肉還記得如何騎腳踏車。

我花了很多年的時間觀察與研究才發現「肌肉記憶」並不侷限在這輩子。也就是說，你的肌肉記得你的靈魂儲存的所有記憶。它可以遠到三千年前你吃過某樣東西的特殊口感，抑或是可以很快地上手一門從來沒有學過的功夫。正因為你的肌肉還存在那樣的記憶，所以即便是碰到這輩子完全不熟悉的事物也能夠很快地上手。

濕疹是依照你的靈魂的設定所產生的反應。就好比在前世的時候，你的身體正在經歷某種傷痛或不適感，而你的靈魂對這個過程產生了某種特定的情緒（例如：我很可憐、我不夠好，或是我沒有人愛……等）。一旦你的靈魂把身體正在經歷的感受與特定的情緒做連結時，那麼當同樣的情境在這輩子再度發生時，你的身體就會下意識地反射出當時的反應。像我就是因為雙腳都凍傷破裂，根本無力於行，雖然覺得辛苦卻又堅持要把那條路給走完。所以即便這輩子身體是完整無缺的，也不是在走什麼雪山之旅，但腦子一旦有孤獨又艱辛的感覺，雙腳就又會記起那段回憶，發疹發癢到讓我恨不得想把它們抓破。

當然有些情況是小孩子一出生就有濕疹，這也是同樣的道理。他們可能在前世所殘留的觀感太過於強烈，以致於他們在出生的時候也順便把這樣的感覺帶了過來。

如果你有經歷過濕疹，你會知道濕疹大多不會全身發作，比較常是局部性地發作。當你身上的濕疹發作並癢到不行的時候，它其實跟你那一段日子所承受的情緒有挺大的關聯（一般約莫三個月左右）。所以這個時候，我會建議你回頭審視一下自己這陣子到底經歷過什麼、有什麼感覺、腦子裡最常想到什麼句子以及為什麼會引發這個設定。因為通常這樣的肌肉記憶都跟持續性的情緒設定有很大的關係。

那麼，在這種情況之下你可以怎麼做呢？你要做的是分割自己的情緒與身體的連結。以我為例，我可以告訴自己「我不是孤獨的。我不是在走一條很艱辛的路」或是「我就算很孤獨，我的身體也不需要這樣反應」……等等，所以即便你不知道自己的前世發生什麼事，你也可以學習安撫內心的那個情緒。

此外，我也發現濕疹發作時，好像不管擦什麼藥膏都沒效，我們也很容易因此感到無能為力。但我要說的是，與其覺得它永遠不會好而感到無能為力，倒不如把它當作是傷口正在癒合。我曾說過，你才是最能夠給自己洗腦，也是最能夠療癒自己的人。所以與其總是在身上投注不好的想法，倒不如將意識能量運用在療癒自己身上。

如果今天你所面對的濕疹對象是個小孩，那麼身為父母的你可以告訴他們：「我們已經處在可以重新開始的機會裡，你的身體不需要再受到這樣子的痛苦。那些我們曾經經歷的傷痛已經不需要跟著我們到這輩子了。」有時候，這樣子的話可以幫助小孩子的潛意識放下那些肌肉記憶與傷痛的連結喔。

我對過敏的看法

我對於過敏的研究興趣源自於自己與身旁的朋友都有很多過敏。然而，一直以來我不曾把它與前世做任何的連結，是在偶然的機會下，朋友說她有著會全身發癢的過敏，但看了好多年的醫生都找不出過敏原。所以我們帶著好奇又死馬當活馬醫的心態幫她做催眠治療。原本只是想在這世裡幫她找出過敏原，但催眠卻不自覺地把她帶回了前世。

那一世，她是個出生在十五或十六世紀美國南方的一個富裕家庭的小孩，雖然表面上他們是個正常的家庭，但她那輩子的父親常常會將她拖到地下室性侵她。為了讓自己脫離被性侵的痛苦，她都會習慣性地把注意力集中在髒亂的地下室讓她所產生的骯髒與不適感。當我們催眠結束後回到現實生活，才意識到每當她經歷身不由己、話說不出口或是內心有壓抑的時候，她就會開始全身發癢。在這次的催眠過後，她全身的疹子頓時發作到有始來最嚴重，但在一個月後隨著身上的疹子慢慢地淡化，這個過敏現象就再也沒有發生過了。也因為這個機緣，讓我開始對過敏有更深一層的研究。

之後我接觸了很多的案例。像是有個對牛奶嚴重過敏的小女孩，追溯她的前世，發現她來自於一個富裕的家庭，在無父無母的狀態下，她依靠管家與保母的照顧。雖然年輕但她卻坐擁龐大的家產。然而在一次無心的機緣下，她發現管家與保母聯手要謀殺她，每次都會在她要喝的牛奶裡加一點毒藥，並強迫她一定要喝完。年紀輕輕的她就這麼長期地活在這種恐懼下，看著每天呈上的毒藥牛奶，不想喝又必須要喝，以致於身體開始把牛奶與死亡畫上了等號。

還有些人有Hay fever（乾草熱），也就是對曬乾的草糧過敏。追溯之後發現，他們曾經被帶到草原裡侵害、虐待，甚至是謀殺過，所以他們就把這樣的經驗與乾草做了連結。還有些人對Cedar tree（雪松，又稱香柏）過敏，追溯之後發現，他曾經在某一輩子被綁在雪松樹下流血至死；有個小男孩甚至對某種特定的化學味道很過敏，每次只要聞到那個味道他就會上吐下瀉，全身產生很激烈的反應。追溯之後發現，他的前世曾經被關在集中營裡，而他把自己當時的體驗和恐懼與那個味道做了連結。

由於身邊有無數的過敏案例可以讓我實驗與觀察，讓我有機會了解到過敏與某輩子身心靈上的創傷有很大的關聯。當你在體驗這個創傷的當下，你的意識與現場的某個物質做了連結，以致於這輩子你再遇到相同的物質時，你的肌肉會反射性地喚起肌肉記憶。如我之前所說：你的身體只是你的靈魂的一個工具而已，你的身體的種種反應往往是對應著你的靈魂設定。像是前面提到受到性侵的案例，她因為靈魂急欲想要逃離被性侵的痛苦，所以意識透過轉移注意力，與地下室不流通的空氣和髒亂做了連結。又好比那個被綁在樹下流血至死的人，被遺棄在荒郊野外血流不止的痛苦，同時間又害怕血腥味引來狼群的攻擊，這等煎熬恐懼讓他與樹做了連結而形成這輩子的過敏。

我本身就是一隻很好拿來測試過敏的白老鼠。我對很多東西過敏，人們常有的季節性過敏，塵蟎、貓、狗、奇異果、酪梨，甚至有Hay fever。當我知道自己對很多東西過敏時，我的第一個反應和大部分的人一樣，就是盡量避免碰那些過敏源。但我發現這麼做並沒有讓我的過敏好轉，反倒是過了好幾年，我還是對同樣的東西過敏，有些甚至變得更加的嚴重，需要更重的藥劑治療，根本沒有辦法根治。

測試了各種方法之後，我發現治療過敏最好的方法是以非常少劑量的方式讓身體適應它。像是我對貓有很嚴重的過敏，與其不准家裡有貓，我選擇養貓來研究到底是什麼因素讓我對貓過敏。有人說會對貓過敏是因為牠們的口水或是貓毛裡挾帶著過敏原，所以我就開始常常幫貓洗澡，看會不會有所改善。雖然很多人都說常幫貓洗澡對牠們不好，但那總比讓過敏原殺了我好。我也開始常清理地毯，換木質地板，從一開始每兩三天幫貓洗澡，慢慢地延長至四五天，更甚至是每兩周到一個月再洗一次就可以了。顯然我的身體因為天天的接觸而慢慢產生了抵抗力。雖然我現在還是對貓過敏，摸了貓之後絕對還是不能碰眼睛，但早已不像之前那樣連共處一室都不能呼吸。

我要說的不是一旦你對花生過敏就得去抓一把花生來吃，這樣的舉動叫作自殺。而是想要建議你在安全的劑量範圍內，以少劑量的方式讓自己的身體去適應這個過敏原。你的身體會透過這種少劑量接觸而開始學習適應的主要原因是：因為你的意識會開始與前世的記憶產生分割，也就是你的腦子會慢慢地了解到「看吧，這樣東西並沒辦法殺死我」，而你的靈魂也會透過你的身體的適應性得到印證。當靈魂對這種特定過敏原不再產生恐懼時，那麼身體就會自然而然地開始產生抗體，進而不再需要對它有過度的反應。

其實就算你不是靈媒也大概能夠透過觀察過敏的徵兆來推測它與前世的連結。若是某樣東西讓你小吃一口就有快要死掉的感覺，那麼你上輩子就很可能是讓這樣東西害死的。如果這個過敏原只是讓你有點不舒服的反應，那麼你上輩子鐵定有因為這樣東西造成相同的不適感的經驗。你這輩子的生理反應絕大多數的時間都跟上輩子的反應很像。

我連同上一篇一起做個總結：「濕疹」是你的身體在經歷某種傷痛（與不適）時，你把身體所體驗的痛（或不適感）與某種當下的「情緒」做了連結。而「過敏」是當你的身心靈受了某種創傷的時候，你把這創傷和某一種「物質」做了連結，才會導致你的這輩子身體對於那個特定的物質會有過敏的反應喔。

不要給予標籤力量而殘障了自己

早上與老公有個小小的辯論。基本上就是他認識的人對我說了十分沒禮貌的話，於是我忍受多年之後終於下達封鎖令：「以後不准這個人再進到我的家門來。」老公替這個人的不禮貌行為辯解是因為她長期的憂鬱症病史使然。即便我跟老公說自己也有憂鬱症，但那不表示我可以拿它做為不尊重人的藉口，但老公還是回嘴：「你們不一樣，她的憂鬱症病史比較久。」（在此我想要先聲明：在我的觀念裡憂鬱症就是憂鬱症。它對身體／

心理所造成的傷害是一樣的，不會因為時間長短而有所差別。患有憂鬱症的人會因為懷疑自己的價值而深陷在腦子裡的故事，沒有辦法與外在的環境連結。所以患病時間長短對於憂鬱患者並沒有太大的意義。）

「所以呢？」我問：「就因為他有憂鬱症所以可以沒禮貌嗎？就因為有憂鬱症，所以即便知道自己犯錯也可以不用道歉嗎？就因為有憂鬱症所以可以為所欲為？那假若他今天拿刀殺人，是否也可以歸咎於憂鬱症呢？」

我在上一本書有提過Accountability（責任感）的重要性。因為責任感是讓你開始產生「我是造成自己實相的主因」的起源。有時候我們不小心講錯話都會掙扎很久，並思考該如何去向對方道歉，直到我們下定決心選擇採取什麼樣的舉動。這個過程往往也是讓靈魂進化的功課之一。所以今天即便是患有憂鬱症的人，也要面對相同的功課。

我不是說你不要表達自己的情緒以免冒犯他人，因為只要是正常人就難免會有失控的時候。但重要的不是你一直避免自己不去犯錯，而是當你意識到自己的錯誤行為時，你選擇為這件事做了什麼。你是選擇高舉著憂鬱症的牌子說：「我會有這樣的行為全都是憂鬱症的緣故。」還是你會承擔起自己的責任說：「即便我有憂鬱症，這也是不對的行為。」

現今的社會有很多的標籤，憂鬱症、ADHD（注意力不足過動症）、Schizophrenia（思覺失調）、自閉、Antisocial（反社會人格）……等。也因為大部分的心理疾病大多有專屬名詞，以致於現下社會一旦看到某種特定行為時就會反射性地說：「他可能有XXX的疾病。」相對的，在耳濡目染下，人們也開始為自己不合理的行為貼上了「我就是XXX」的標籤。但我想說：這樣的觀念到底可以為他們做什麼？我們是真的出於愛才為他們貼上標籤？還是想要透過了解這個標籤來協助他們？雖然當初「標籤」的設立都是來自於好的初衷，但我發現有更多的時候，人們只會拿身上的標籤來讓自己多一種不為生命負責的合理藉口。當我們如此冠冕堂皇地把一道標籤加諸在他人身上時，其實我們已經在無意識中宣告了他們的死刑，並讓他們變成了殘廢。

我曾經長期照顧過一個擁有很多Phobia（恐懼症）的小孩子。他怕高、怕手扶梯、怕開放的空間、怕黑、怕人群多的地方、怕有圍欄的地方、怕有煙囪油管的屋頂、也怕任何過度的活動……。當時我的小孩年紀也還小，所以我不可能因為這個什麼都怕的小孩就限制我的小孩正常生活的機會。這個小孩滿身的恐懼讓我需要花很多的注意力照顧他，也因為他總是拿著每一個他害怕的事物來做為他無法做任何事的藉口，所以我常常因為疏導他的關係而忽略了自己的小孩。我當時的作法是：他愈怕什麼，我就愈會帶他去做什麼，並在同時間指導他去觀察任何他所害怕的事物產生時，周圍一定有讓他安心的事情存在。（例如他搭手扶梯緊張到躊躇不前時，我會要求他在當下找出三樣讓他覺得安全的東西，並在過程裡讓他觀察這些東西讓他有什麼樣的感覺。）我每天都這麼一點一滴地讓他適應他害怕的東西，但他的母親卻認為我太強迫他的孩子，認為他沒有必要被強迫去面對他害怕的事。然而事實是，孩子跟我們相處的過程中，他慢慢克服了許多的恐懼，當我們去很多他曾經會害怕的地方時，他都不再有恐懼的行為了。之後他的母親還是決定把孩子接回去自己照顧。一年後的某天偶然遇見這個孩子的父親，他竟然告訴我們，孩子的恐懼又變得愈來愈嚴重了，現在已經怕到連家門都不敢踏出去，就連睡覺都必須跟父母一起睡。

我花了好多的時間幫助這個小孩克服一個又一個的恐懼，而僅僅一年他的母親竟然讓他回復常態外，又加上了很多額外的恐懼。這開始讓我思考之間的差異究竟在哪裡？因為覺得他就是一個什麼都怕的人，所以他就理所當然地要變成一個生活完全被恐懼掌控的人？因為怕麻煩所以就允許他的害怕？還是因為自己有「被需要」的渴望，所以就藉由他的害怕來對自己養成依賴？

我們常常賦予了標籤太多的權力，以致於將原本靈魂應該學習的責任感慢慢地推給了標籤，而在不知不覺中殘廢了自己。因為當靈魂對自身的責任感愈少，自我能力感也就會相對的降低。

之所以有點激動地跟大家討論關於「標籤」的問題，是因為許多客戶諮詢的第一句話就會急著跟我說：「我有憂鬱症、強迫症或是ADHD……」在跟我告知他們的標籤當下，他們也希望我以對待病人那樣的態度來看待他們。但事實是，我雖然可以把你們的「標籤」當作參考，但若是我完全相信你的話，那我根本就失去了療癒你們的能力。因為你們說的這些標籤我都有，如果我今天相信這些標籤所產生的無能為力感，那我今日又如何與大家分享體驗呢？我不相信你的標籤並不等同於我不認同你所經歷的痛苦。正因為知道這條路難走，所以才更相信一步一腳印的踏實。不要讓任何的標籤限制了你，掌控你的生命，那麼你才有辦法走上療癒的路。

我相信這世界上沒有不能被療癒的疾病，我也必須這麼相信才有辦法找到療癒的方法。一旦相信了標籤所給予的限制，人們就會因此而失去了力量，也會逐漸地養成了不對自己的言行負責的結果，進而發展出只能讓恐懼操控的日子。因為一旦你的腦子相信自己不能夠為這樣的標籤做什麼，那樣的信念就會創造出你未來的實相。所以找回自己力量的第一步就是：不要給予標籤力量而殘障了自己喔。

憂鬱症是什麼？

在我開始這段靈性旅程之前，我曾經有過一次蠻嚴重的憂鬱症。那個時候的我險些想不開去自殺，當時兩個小孩還小，我那樣的舉動嚇壞了他們。在相擁而泣的情況下，理智似乎也跟著慢慢地清醒，接下來我花了將近一年的時間致力改善自己的憂鬱症。後來又踏上了靈性旅程，在了解了靈魂的種種之後，開始意識到「自殺」是個非常不明智的舉動，就再也沒有自殺的念頭了。

只不過雖然沒有了自殺的念頭，但靈性旅程卻沒有讓我與憂鬱症永遠告別。在二〇一〇年初，我又再度經歷一場嚴重的憂鬱症。每天醒來就想哭，每天都懷疑自己存在的意義，吃也吃不下，睡也睡不著，人生好像走到滿是岔路的路口。然而在自殺不是選項的前提下，我開始質疑這麼多年的靈性旅程為什麼還是把我帶到了憂鬱症的結果，我質疑著自己究竟要走傳統的藥物治療，還是大膽地嘗試自己這麼多年來的理論的可行性。感覺老天像是在給我一個考驗：「好，如果你真的覺得自己的想法是對的，那就證明給我看吧。」在人生已經沒有什麼損失的情況下，我那時候的想法就是「放手一博吧！」於是我開始著手實踐自己的理論，也慢慢地讓自己從憂鬱症的無底洞裡爬出來，我花了幾年的時間記錄與觀察，才得以在今日與大家分享。也是在這個過程中，我發現原來憂鬱症是個很普遍的疾病。我甚至可以肯定地說，每個人身上都有輕微的憂鬱症存在。

我研究後發現「憂鬱症」來自於你的內在靈魂和外在行為有太大的差距。假設你是個愛冒險、喜歡探索新奇事物，勇於表達又忠於自己的靈魂，但現實上卻總是因為外在的壓力與期望而強迫自己去做死板的工作、拒絕人群又害怕表達自己的話，那麼那個愛冒險的靈魂長期活在被壓抑的生活習慣底下，就很容易引發憂鬱症。

憂鬱症的發生通常都在於某件讓你感到壓抑的事不斷重覆地發生。當這個事件成為一種習慣，你的內在靈魂和外在行為就會產生一種脱節的狀況。當它脱節到某個百分比的時候就會導致憂鬱症。

假設我們的脱節狀況是有0%～100%的比例。0%是你的內在和外在達到一致的最佳情況，也就是你這個人最快樂的時候，當比例達到50%的時候，我們還算是個正常的人。這建立在我們的受虐力其實是很高的，也就是一天內若是有50%是快樂的，就足以彌補我們生活裡所遇到的不快樂。也就是說，即便你上班的時間不快樂，但要是私下的時間知道做些事讓自己放鬆的話，那這樣的比例同樣可以在你的生活裡造就精神上的平衡。

人們什麼時候才會發現自己患有憂鬱症呢？這一般是發生在內外在脱節到60%以上的時候。這個時候的你會注意到自己的心情不太好，也可能讓別人感受到你有點心情不好的情緒。當指數大於70%的時候，你的憂鬱症就算是有一點點嚴重。因為你會動不動就想哭，可能簡單到別人問你想吃什麼，你也想哭，因為你很可能會因為自己無法做最簡單的決定而難過。當差距到達80%時，你就已經開始對外在產生隔離。所以雖然說你是憂鬱的，但這個時期的你反而不會把自己的憂鬱與別人分享。也就是說，在80%以前，你可能還會對外發洩或抱怨，但一旦你內外差距高於80%時，你反而會開始封閉自己。這個時候的你會質疑生活中的每一件事，包括自己為什麼要活著，活著又有什麼意義……，等到90%的時候就會開始有自殺的傾向，因為這個時期的你大多已斷定自己的存在沒有任何的意義，甚至會覺得死亡好過現在你所承受的所有痛苦。

一般正在經歷憂鬱症的人鮮少會與他人分享自己的病情。大多能跟人分享的都算是初期，或是早已經渡過憂鬱症的。因為正在經歷憂鬱症的人總是不太希望把自己的沉重感加諸到別人身上，所以大多會選擇獨自承擔這件事。

我們現實生活中常常允許自己活在「期望」當中。有時候這些期望可能是我們的功課，但卻不是我們靈魂的目標。我們可能只是透過一個困境來幫助自己達到下一個人生階段。也就是說我們可能是安排這樣子的平台來學習如何克服這個課題，但那卻不表示這就是我們接下來的日子。就好比我因為經歷過憂鬱症，也一步一腳印地協助自己走出來，我今天才有辦法以過來人的經驗來與大家分享，而不是代表著我就要一輩子過著憂鬱的日子。

憂鬱症是很難啟齒的事。但我也相信這個世界上絕對不會只有我一個人在分享憂鬱症，網路上有來自世界各地的人正用著他們的語言與方法來跟大家分享如何渡過憂鬱症。當你把自己沉浸在黑洞裡，感覺整個世界遺棄你的時候，我希望你可以花點時間看看這些人想要給你的訊息。那就是你永遠不是孤單的。如果我們能夠一步一步地走出自己的黑洞，那我相信你也一定可以的。

對付憂鬱症的方法

在開始之前，我要先回答一個問題。我在臉書曾經寫過：「如果你著重在問題的話，那你就永遠會看到更多問題。如果你著重在解決方法的話，那你就永遠會看到解決方法。」有網友不明白這是什麼意思，所以我想在這裡給各位一個例子。

基本上我要說的是，我們的現實生活中常常會只著重在問題本身，像是「為什麼我總是不順利、為什麼我總是沒有錢、為什麼我總是這麼不快樂、為什麼我老是遇到不好的人等……」。當你一直在抱怨這些問題，那麼宇宙就會回應你的抱怨。所以如果我們可以轉個念，從「我為什麼總是不快樂」變成「我要如何變成快樂呢」，這樣宇宙就會變成回應「你要快樂」這件事喔。

現在讓我們回到正題。很多人以為會得到憂鬱症大多是情商不太好的人，但事實上大部分會得到憂鬱症的人是在現實社會上屬於表現優良的社會族群。為什麼這些生活應該沒有問題的人卻反而容易得到憂鬱症呢？一般來說不是因為他們達不到任何期待，而是因為他們往往對於自己有過高的期望。也就是當他們已經達到社會對他們的期待時，他們還會希望自己可以更好。又或者是當他們更好的時候，他們又因為下一個更高的目標而感到不快樂。

因為自己的親身體驗，也透過諮詢接觸過很多的個案，所以在今天想要來跟大家分享一下如何對抗憂鬱症。

患有憂鬱症的人往往對自己的未來沒有任何的方向與目標。這個時候的他們由於長時間地沉浸在悲傷或是低振動下，靈魂與身體產生脫節，所以很容易呈現一種空洞的感覺。也就是不管別人希望你做什麼，你都好像無法吸收一樣。所以為幫助自己的內在與外在重新結合，以下的幾個階段可以給大家做個參考：

第一個階段——機器人模式。當你的憂鬱症已經到了非常嚴重的時候，你可能很多事情都不知道怎麼做（像是你可能連刷牙都不知道怎麼刷，或是連吃飯都不知道怎麼吃……等）。如果你的憂鬱症已經到了這麼嚴重的情況，我會建議你不管你的理智或身體想不想做這樣的事，都幫自己製造個三歲小孩模式。也就是你的生活必須回歸到最基本的模式，就像是在養育一個三歲小孩一樣（幾點吃飯、吃多少、吃什麼、幾點運動、做多久、做什麼、幾點洗澡……等）。因為這個時候的你，身體對任何的事物大多呈現無感狀態，甚至是連吃飯都食不知味。這樣的情況底下，我會建議你就邏輯思考選擇較健康的食物（也就是說與其想吃洋芋片，倒不如去改去吃一盤沙拉）。之前的文章有提過，任何事情只要持續做二十一天就會開始養成習慣。所以上述的機器人模式就是要你在沒有自主的情況底下強迫自己進入制式的習慣。既然你沒有辦法好好地照顧自己，那就讓自己去遵從這個規律，把它養成一種習慣。至少能讓你在心靈恢復正常以前，先把自己的身體給照顧好。

這個規律模式的養成一般約在二到六週之間，而後你會開始進入到第二個階段——「短路模式」。因為當你的身體到達到某種規律程度的時候，你的情緒就會開始恢復它的感官。但在這個時期的你，感官上還不完全正常（這很可能會導致你的情緒一湧而上，或是交錯複雜地重疊著）。原本連眼淚都流不出來的你可能會開始莫名奇妙地大哭，又或是莫名奇妙地大笑。而你身邊的朋友家人們很可能常會看見你的情緒起起伏伏。

這個時候我給你的建議是：你必須找到情緒可以發洩的管道。當然這不是叫你急著去找人讓你宣洩，而是希望你可以找到讓自己情緒發洩的興趣。像我那時候的發洩的管道就是「種花」，因為看著花被我種到土裡讓我有種莫名的療癒感。所以那個時候的我除了吃飯之外，就是去買花、種花、澆水……。此外，我還發現另一個很好的管道就是「寫部落格」。因為在網路上你可以不用成為現實世界裡人們希望你成為的人，所以你可以把部落格當作是傾倒心靈垃圾的地方。一旦有丟棄的動作，你的心靈才會學著放下。如果你有很好的朋友願意每天接收你的垃圾自然很好，但也千萬別養成一種習慣。因為人們接收負能量是有限度的，過度飽和也是有需要休息的時候。

如果今天你是憂鬱症患者的朋友，那麼你可以做的事就是安靜的聆聽，不然就是請你提出一些更瘋狂的主意，而不是急著告訴他們「他們應該做什麼」。其實大部分的憂鬱症患者都清楚地知道自己「應該」做什麼。像是人們最喜歡說：「你應該多出去走走。」說真的，憂鬱患者都知道自己應該多出去走走，但是他們就是無法說服自己這麼做。但若是今天你給他一個極度瘋狂的建議，像是「咱們去高空彈跳吧！」還是「我們去環遊世界三個月吧！」那麼他們的理智反而會因為你的瘋狂而稍稍被拉回到正常的階段。當然也有例外的情況，那就是當你建議的事剛剛好是他們的靈魂一直以來想要做但卻不敢做的事。在這樣的情況下，去執行那樣的事同樣會讓他們的情緒得到抒解。

當你已經建立一個規律的生活模式又找到個情緒發洩的管道時，你很可能會進入到第三個階段。在這個階段的你反而會陷入一種茫然又不知所措的情境。你以為自己會歇斯底里，也可能以為自己會像之前那樣毫無動力。但這個時候的你其實是因為沒有未來的方向而感到不知所措。這個時候我會建議你去尋找自己的「初衷」，去深度了解自己當初為什麼會陷入憂鬱症的主因。了解原因之後，我要你去思考自己可以如何去改善這樣的事情不再發生，並找到方法去執行它。

很多人在生活步入正常的軌道之後就覺得自己的憂鬱症好了，但這其實並不是治本的方法。那些隱藏的問題如果沒有得到正面的處理，那麼憂鬱症就很可能會有重蹈覆轍的一天。也就是說即便生活正常，但生活中面對的問題還是沒有得到解決，那麼再患憂鬱症就是遲早的事罷了。也因此，我想要聲明接下來的第四個階段其實是非常非常重要的。如果你可以好好地執行的話，那麼你才有辦法永久地遠離憂鬱症。

第四個階段就是——「為你的未來奠定基礎和方向」。這個階段的步驟之所以重要是因為它會帶著你朝著未來的方向前進，而不會讓你又落入過去所養成的習慣裡面。就像之前已經舉過的例子：如果今天你的面前有張白紙，任何你寫在白紙上的句子都會成為你未來的樣子時，那麼你會如何去寫這些句子？在這個階段的你要做的就是這樣子的事。把寫好的紙貼在牆上，並想像紙上的人就是你未來的人生劇本。假設你今天是個膽小的人，但紙上的你希望自己是個勇敢的人。那麼當你遇到事情又膽怯害怕的時候，我要你想像自己的勇敢並強迫自己去扮演那樣的角色。至於為什麼要用「演」的呢？因為Fake it until you make it！（假裝到你成為那樣的人）。透過不斷重覆練習成為這樣的角色二十一天，你就會開始養成習慣成為那樣的人。我會說這個習慣大概要花三個月到六個月左右時間才會變得穩固，一旦你可以奠定這樣的基礎，那你也就可以慢慢地創造出自己想要的生活。

讓我總結重覆一次：憂鬱症是因為你的內在靈魂和外在行為產生太大的差距導致。我們每個人都有某個比例上的憂鬱，但基本上要等到落差大於50％時，你才有可能被醫學診斷為憂鬱症。憂鬱症不是一個沒有辦法解決的病，只要你了解內外的落差並實質去讓他們得到平衡的話，大多數的人會因此而得到改善。但若是嚴重到你已經哭不出來也笑不出來時，試著運用上述的幾個步驟，慢慢地把自己調養回來。一旦回到正常的的軌道時，要記得奠定長遠的目標才是療癒憂鬱症的治本方法喔。

無法對一件事情專心並對生活感到無力

這是一個網友的問題：「想問版主有沒有這樣子的經驗，就是一度以為自己的靈魂找到自己想要做的事情，可是漸漸地好像又覺得無趣，然後就吸引問題和生病讓自己有事做，不斷地重覆這樣循環，最後發現原來自己什麼都不想要。這樣的感覺好無助喔。每次看你的直播都會被你那豐富的靈魂吸引，希望自己的燈泡瓦數也能亮一點。」

第一，我的靈魂沒有很豐富，截至目前為止也只有宇宙知識的百分之二而已（這還是自誇又四捨五入的結果XD），顯然還有好長一段路要走。不過我也可以回答：你之所以會被這樣子的感覺吸引，是因為你的潛意識裡也想要讓自己成為這樣子的人。

接下來回答我有沒有這樣子的經驗？我有。因為我小時候常常生病，長時間待在醫院裡面並沒有辦法讓我學到什麼，所以每次有機會去學校就什麼都想學。只不過當你「什麼都想學」的時候，其實是很難集中注意力並專精的，常常會感覺「這個好好，那個也好棒」。好險我們那個年代沒有ADHD（注意力不足過動症）的認知，如果有的話，那個時候的我就不只是身體有缺陷，可能也是個ADHD患者了。

直到慢慢長大成人，我的興趣還是一直在變。尤其是在十八歲到二十五歲這段期間，特別會感覺到所謂的社會壓力，就發現自己興趣的轉換速度似乎又更頻繁了些。我其實是大家眼裡標準的「三分鐘熱度」的人，也就是對任何一件新鮮事都興致勃勃，但過了一陣子就又完全沒有興趣。也因為這個個性，就連當初說要學英文的時候，都被家人認為是另一件三分鐘熱度又浪費錢的事。即便出社會之後，我也常常更換工作，不斷地在各行各業遊走。在很多人眼裡，我就是沒有辦法專精地做一件事，所有的東西都是學了基層但又不專精。那個時候的我也因為社會環境的壓力而逐漸覺得自己好像真的有問題。當我的腦子裡開始相信別人說的話全都是真的時，我就與這位網友產生相同的感覺。

就拿寫作來說好了，我曾以為自己挺喜歡寫作的。但當我發現寫作都是一樣的公式與流程時，我很快地又開始感到無趣，然後心就會飄去尋找可以激起我興趣的事。一直到我開始接觸到廣告影片製作，這才成為我人生的轉捩點，因為它是第一個讓我感覺自己不是個問題的工作。

一直以來不管我做什麼工作，每天的工作內容其實都是一成不變的。即便是寫書也是照著公式在走，照著章節在趕進度，直到結局的發生。我發現自己不喜歡的正是那一成不變的流程。即便人家說影片製作也是同樣的循環：從開始企劃、籌備、製片、找演員、導演、攝影、最後交件。但不一樣的是它的週期性很短，一般約莫在一個月左右。每一次都是不一樣的組員、內容、演員、導演、場景……等，往往一個月內好不容易生出來的小孩，在上片後就要學著放手，並重新開始另一個全然不同的企劃。

也是因為這樣子的經驗，讓我開始思考或許生命中並不一定只能做一件事情，或是專精一件事情。或許生命也可以像在拍廣告影片一樣，總是有不一樣的東西、內容、過客，或是全然不同的旅程。於是我就把這樣的概念運用在很多不同的層面。就好比有人偏好看某種類型的書，但我會依照當下的心情來選擇我想要閱讀的書（我閱讀的種類極廣，鮮少侷限在一種類型）。即便是心血來潮突然想學什麼技能，我也會允許自己積極地去學習，直到我厭倦後可能又是兩三年不會碰的東西。就好比這陣子我突然想要畫畫，我就會拼命畫，直到畫到我煩了，我就畫筆一丟不再畫了。接下來我要是突然想縫衣服，我就又會一股勁地縫縫補補，甚至把每個人的衣服做好做滿，然後又沒興趣了。就連修復傢俱也是同樣的模式。

這樣的過程讓我慢慢地學會拋棄社會對我的期望，而開始擁抱自己的三分鐘熱度。我不再浪費時間質疑自己是不是有問題，而是專注在每一個一閃即逝的三分鐘熱度。因為每一個短暫的三分鐘熱度都是讓我更熱愛生命的契機。然而在那之前，我一直因為社會的期待而懷疑自己有問題，所以不管是在做自己喜歡或不喜歡的事，我都覺得自己是錯的、不好的、有問題的……，這種自我懷疑的態度其實才是造成無力感以及身體容易生病的主要原因。因為我們都知道疾病與心理有關，當你一直覺得自己有問題的時候，你的身體又怎麼可能不這麼反應呢？

所以與其一直覺得自己有問題，倒不如換個方式思考：或許你跟我一樣，不是天生註定要做一件事的。去學習開發自己的喜好，去享受每一個當下的自己，當你開始全然地接受自己（而不是習慣性地指責自己）時，你就會發現生活不再感到那麼無力了。身體自然也就沒有繼續攻擊自己的必要。就拿我來說好了，即便是三分鐘的熱度，但我這樣隨性的生活還是感覺得到這些事情的週期性。總是每三、四年，我又會對一件許久沒有碰的東西重新感到興趣。我或許不像他人一樣可以用密集的態度把一件事學到專精，但我卻用自己的速度慢慢地增進自己在每一個領域的技能喔。當你學會喜歡自己，你的瓦數自然而然地也會變得閃亮喔。

你是個多潛能者（Multipotentialite）嗎？

網路真的是我最喜歡的發明了。有網友跟我分享一則由Emilie Wapnick（艾蜜莉．霍布尼克）所主講的Ted Talk，主題是「你是個多潛能者（Multipotentialite）嗎？」內容大概是說：我們的思考模式其實從小時候大人問我們「你長大以後要做什麼？」的時候就被侷限住了。通常我們在三到五歲左右就會被問到這樣的問題，即便問話的大人並不是真想要知道我們未來要成為什麼，但這一問卻在我們的腦子裡植下種子，讓我們認為自己長大後只能做一件事，而不是同時做很多不一樣的事。所以從很小開始，我們就一直在尋找那件事是什麼。當我們沒有辦法專注在一件事情上時，我們就會開始質疑自己是不是有問題。主講者跟我很像，都是在生命中無法專注一件事的人，是直到開始學會擁抱自己，接受自己不是有問題的人，我們的人生才開始看到出口。

在Ted Talk的討論中，她舉出一個身為多潛能者（Multipotentialite）會有的特質給各位做個參考：

第一個特異功能是：Idea synthesis，也就是可以主意融合的能力。她用了一張圖表來表示，就是說如果你專精A又同時專精B，那所謂的創意通常會出現在A與B交會的地方。因為這邊學一點，那邊學一些的習慣，讓你對很多事都有基層抑或是深層的了解，所以觀念上就比較容易融會貫通。如果你的興趣愈廣，那麼這種中間創意點就會愈多，愈能夠把不同的事物連結起來。如果要我比喻的話：專精某事物的人像是人體的骨幹，那多潛能者的角色就會像是關節，能把兩個骨幹接連在一起。

第二個特異功能是：你的學習能力很快。好像丟新東西給你或是把你放在一個全新的環境，你都可以很快地學習並上手。我發現自己的確有這樣的傾向，因為即便是我從來沒有碰過的工作或學習內容，我也可以很快地找到它們的共通點，進而幫助我快速吸收、消化並執行。但也因為這樣，我也很容易感到無聊。

第三個特異功能就是：你的適應力會一般人還要來得強。因為專攻的人幾乎從頭到尾都在學習一樣事物，所以當你把他們放到一個新的領域時，他們會比較有抗拒力。相對的，對於一個多潛能者來說，對於一直重新學習新事物已經很習以為常了。所以這個族群的人適應力相對的強。

先前，我一直把自己比喻成ADHD（注意力不足過動症）。但是你們若不希望自己聽起來像個心理疾病患者的話，那你現在還多了一個選項，那就是你可以稱自己為多潛能者（Multipotentialite），聽起來簡直就跟Super hero（超級英雄）沒兩樣。XD

有網友因為上一篇主題問我：「我也是專心不了，但有沒有可能是因為害怕自己沒有能力所以半途而廢？我是有試過，事實是真的專心不了，最後就浪費了好幾萬。還是有可能是我人太懶又得過且過？可是為什麼會這個樣子呢？」

沒有一個超級英雄是一出生就是英雄的，在每個人真正地發展自己的潛能成為英雄之前，都需要先學會克服自己的障礙。在我的觀察來看，一般的 Multipotentialite 所要對抗的惡勢力就是 Fear（恐懼）。因為你會不斷地懷疑自己是不是有問題，也害怕走出去要面對社會與家人的批判，在這樣的社會環境壓力底下，我們擔心的是我們所呈現出來的並不是這個社會所要的。所以如果你是個 Multipotentialite 的話，你第一個要克服的是面對他人批判的恐懼。你害怕自己即便努力了也達不到他人的標準與要求，所以每個當下你都不是為了想學而學，而是為了得到他人的認同而去努力。今天這樣的流程才是導致於你容易半途而廢的主因。

我今天要說的是「Let it go（放下吧）」。每一個人的人生都掌控在自己的手裡，要怎麼活出它的精彩也應該由你來決定。如果學不會克服他人的恐懼，你又要如何去發展自己的潛能而成為超級英雄？如果你當初選擇了這樣的個性來鋪陳這個人生，那現今的你是應該受到環境的牽制，還是想辦法與恐懼的惡勢力對抗呢？

今天只是提供一個不一樣的角度給大家思考，與其一直認為問題出在自己身上，倒不如好好地思考自己可以如何善用這樣的習慣，進而讓它轉換成可以幫助自己發展的優勢。「天將降大任於斯人也，必先苦其心志、勞其筋骨……」或許這麼想的時候，過去吃的苦都不是苦了。

這段時間與小孩對話時，我發現他們也像我一樣無法對一件事專心。與其像老一輩的人指責「為什麼你不能好好地學一樣東西」，我改跟兒子說：「你以後要成為的那個人，搞不好現在還沒有那個名詞產生。（就像二十年前根本沒有Youtuber這個字一樣）」我叫自己Psychic scientist，雖然沒有人會把靈學與科學結合在一起，但它對我來說卻是合情合理的事。所以許多到現在還在惶恐不知道自己可以做什麼的人啊，搞不好適合你的名詞還沒有被這個世界創造出來。等到哪天你開發了自己的特異功能，你就可以為自己自創一個。你是你的宇宙的中心，在你的未來要以什麼方式，以及什麼樣的超級英雄角色存在於這個世界也是可以由你來決定喔。

頻道
第 97 集

如何克服恐懼症（Phobia）

所謂的Phobia就是當你對某一樣東西產生極端的恐懼時，這時就會被指出你有某種東西／事件的恐懼症。就好比幽閉恐懼症叫Claustrophobia，懼高症叫Acrophobia，飛行恐懼症叫Aerophobia……等諸如此類的恐懼症就是我們所要討論的主題。

今天所討論的「恐懼症」主要是針對那些你沒有任何源頭的恐懼。若是你從一出生（或是突然在某個時間點／年紀）就對某種事物感到特別恐懼的話，那麼這個特定事物大多來自於你的前世記憶，而且通常這個記憶與死亡有直接的關係。

拿我的兒子舉例：他是個一出生就怕水的小孩。剛出生的小孩因為滿身是血，通常都會讓護理師先帶去洗個澡之後再抱回來給媽媽。但是我兒子是從一出生的那刻開始，只要碰到水就嘶聲大哭的小孩，所以那短短幾分鐘的澡洗得護理師小姐的耳朵都快聾了。甚至在接下來的一年中，每次幫他洗澡都好像是在虐待他一樣，總是哭得街頭巷尾都聽得到。即便等到他長大一點之後，還是每次碰到水就全身僵硬。

這個時候的我已經開始了靈性旅程，所以好奇地想要研究他為什麼這麼怕水，這才發現他上輩子就是在海邊玩水淹死的。為了克服他這個恐懼（或者說讓這樣的事件不會再發生），除了加強他游泳的技能之外，更試著告訴他：「你這輩子不會淹水死掉。聰明的人就不會讓同樣的錯誤再次地發生。為了克服這樣的恐懼所以要學游泳，要不然以逃避來面對恐懼只會更加地壯大恐懼。此外，人的身體內有百分之七十都是水，怕水的話也等同於怕自己了，不是嗎？」

光是洗澡這件事，當媽的我就花了將近一年的功夫才讓他終於不需要媽媽陪著洗澡，而可以單獨地跟姐姐一起洗澡玩水。原以為這樣就已經幫助他克服怕水的恐懼，沒想到我們去水樂園玩的時候，兒子因為水滴到他身上而整個人臉色發白，尖叫地巴在我身上，像隻八爪章魚似的，整整五個小時都沒有離開過，我這才知道要克服這種恐懼症原來是條漫長的路。

從那之後，我天天帶他去泳池，還是不斷地說服他「這輩子不會淹死」的觀念。一直花了五年的時間才終於讓他克服了對游泳池的恐懼，也終於可以到跳水台去跳水了。不過即使克服了浴缸、游泳池，我的兒子對於大海的恐懼還是沒有消減過（來自於前世在海邊淹水的記憶）。所以就算不再那麼怕水，但是每每只要鞋子裡進了沙子，他就又會整個人慌了起來。為了再幫助他克服這個恐懼，當媽的我又天天帶他去海邊玩水，讓他慢慢地適應沙子在鞋子裡的感覺，繼續慢慢地洗腦他這輩子「絕對不會淹死」的設定。為了幫助我兒子克服上輩子帶來的恐懼，我整整用了九年的時間，天天教導他如何面對自己的恐懼，這才終於讓他可以自在地在任何水域裡玩水。

這個經驗對我來說是個很大的成長，因為在幫助兒子克服他的恐懼的同時，我也回頭思考這樣的方式是不是同樣適用在自己身上，並且去反省自己是不是從來沒有正視以及面對自己的恐懼。

我有一種「沒油恐懼症」，也就是每次開車只要油箱沒油（或是只要亮燈）的時候，我就會開始冒汗並且有種無法呼吸的感覺。大部分的情況下這樣的恐懼並不會影響到任何人，而我也通常在一亮燈的時候就會去加油，不會造成太大的困擾。直到有一次，我們全家出遠門旅行，當行駛在荒郊野外的高速公路上時，車子突然顯示沒油了。除了方圓五百里內幾乎沒什麼加油站之外，老公還皮皮地想看車子在沒油的狀況下可以開多遠，這才發現我這個向來不以為意的恐懼原來很嚴重。我先是開始冒冷汗，然後呼吸急促，緊接著全身開始僵硬。更緊張的是我感覺脖子像是讓人勒住了一樣，完全無法呼吸到幾乎缺氧，臉色逐漸發黑到幾近昏厥的程度。老公這才從嘲笑我小題大作的態度意識到事態的嚴重性，而開始緊急尋找最近的加油站。然而，即便加了油之後，我仍花了將近二十幾分鐘才恢復正常。我這輩子從來沒有因為車子沒油而出過什麼事，所以這樣的恐懼不太可能是來自於童年的創傷。在朋友的建議下，我去研究這個恐懼與我前世的關聯。

在回溯的過程中，我看到自己在一個類似東德的背景下，和一行人開著車逃亡。但車子在廣場上突然沒有油了，於是我們很快地就被後面的士兵追趕上，而我被一個人從身後用鐵繩勒住脖子至死。這解釋了為什麼每次車子沒油時我都有種呼吸困難的感覺。於是接下來的日子裡，每每我只要開車看到油箱又亮燈時，我就得要說服自己：「深呼吸，沒有人在追殺我了。」然後以循序漸近的方式慢慢地克服自己對於油箱沒油的恐懼，每次都讓油錶盡可能地減少一格，直到自己的身體不再有任何反應為止。光是克服這個看似簡單的「沒油恐懼症」就整整花了我將近九個月的時間。

我套用這樣的方法在很多恐懼上，無論我知不知道前世發生了什麼事情，我都試著把我的恐懼與死亡畫開距離。透過一步一步地跨出自己的舒適圈，讓自己慢慢克服許多的恐懼。就連懼高症算嚴重的我，現在至少可以去爬山了（只不過硬要站在懸崖邊照相還是多少讓人心驚膽戰）。由於我用這個方法處理了自己不少的恐懼，所以今天才可以很肯定地建議各位：如果你身上同樣有些找不到源頭的恐懼，那麼最好的方法是試著強迫自己一小步、一小步地離開自己的舒適圈，並試著把恐懼與死亡盡可能拉開距離。每跨出了一步，就記得給自己一點小鼓勵，因為任何可以幫助你克服恐懼的舉動都是值得鼓勵的喔。

再分享一個案例：我認識一個明明家裡有車，但卻很怕開車的媽媽。雖然家裡的小孩常常有很多的活動需要接送，但她卻總是寧願搭公車。在幫她回溯前世時，發現她曾經是個滿載乘客的巴士司機，但卻因為一次在天雨路滑的山路間行駛，一個不小心整台巴士跌下了懸崖造成所有的乘客死亡（包括她自己在內）。這個記憶讓她不想要再對任何人的生命負責，只要一坐上駕駛座位，她就覺得自己會害死人而變得不知所措。當時在諮詢時我建議她要不要試著從家附近的公園開始練習開車，但她堅持不要。因為她認為克服恐懼最好的方法就是永遠不要去碰它。十年過了，她的小孩也從幼稚園上中學了，在我都已經克服了至少五、六個恐懼的當下，這個媽媽還是害怕坐上駕駛座。所以我想要讓大家知道的是，逃避絕對不會是讓你克服恐懼的最好方法。如果你真的有心想要克服恐懼，最好的方法就是走出自己的舒適圈去面對它喔。

頻道第100集

給子女的一封信——一百的意義

我的一百集想要跟大家分享寫給我家子女的信：

親愛的小朋友（這是我習慣叫我家女兒、兒子的名稱），

今天是我的第一百集。雖然這對你們來說好像沒什麼，可是這卻是我人生中的Milestone（里程碑），我已經面對我的最大恐懼一百次了（事實上是一百六十次，因為我有做中文還有英文直播）。我知道在你們這個年紀，其實不想要聽我長篇大論，可是我的心裡面還有好多好多的話想要跟

你們說。我懷疑再加個一百集可以涵蓋所有我想要對你們說的話，抑或是分享所有我所看得到（感知到）的世界。我花了將近二十幾年的時間，才慢慢地研究出宇宙的百分之二，但我期望這微不足道的百分之二可以讓你們見識到不一樣的世界。我想要教你們如何跟所有的靈溝通，也想讓你們聽到樹林間彼此哼唱的美妙歌曲。我想讓你們見到我所看得到的精靈，還有那些每次都被我趕到廁所的Goblins（因為我不希望他們打擾到我們的生活動線）。我有很多的事情想要跟你們分享，這也是為什麼我每次在直播前，都不知道應該選擇哪一個話題來做為我的直播主題。可是今天在第一百集，我想要跟你們兩個說的是「一百的意義」。

我相信到目前為止，你們兩個已經對「一百」有一些的概念了。因為你們每學期的成績卡都在評斷你們與一百的距離。我們的社會從來沒有停止教育我們達到一百的重要性。你們每學年都有三次的成績卡不斷地提醒你們，你們離一百有多近，或是你們還要多努力才能到達一百。如果一百代表的是那個「完美」的話，我猜想這就是為什麼大部分的我們一直到現在都還覺得自己不夠好、日子也不夠完美的主要原因。但身為你媽，你應該知道我對一百有不一樣的見解，就好比我對所有的事情都有不同的意見一樣。

記得瀚瀚曾經開玩笑說：「所有的亞洲媽媽都喜歡A嗎？這也是為什麼我們叫Asian，而不是叫作Bisan？」你們應該也注意到，我從來不在意你們的成績卡上有沒有得到A。當大部分的人把一百當作是他們可以達到的目標時，我相信「一百」只不過是靈魂可以從錯誤中學習的結合成績罷了。

記得我曾經跟你們說過「你們接下來的日子將會犯很多的錯誤。你的心可能會被傷了很多次，你也可能會把很多工作做爛，爛到老闆會把你Fire掉……」然後你們就對我翻白眼說：「謝謝媽，這真是完全表現了妳對我的自信。」不過說真的，孩子，我真的不是在開玩笑。我真正想說的是，你接下來會開始犯很多的錯誤（因為誰不會呢？）。當有人大談闊論地說他們的人生中從來沒有犯過任何錯誤，請相信我，他們絕對是十足十的騙子。（遇到這樣的人時也請千萬不要跟他們約會，這單純是為了你好的建議。）

只不過與其讓生命中的錯誤來標榜你的價值以及你是誰，更甚至是讓你相信自己本身就是一場錯誤，我更希望你們把生命中的每個錯誤都當作是可以將你們推向一百的籌碼。我希望你們可以從錯誤中得到學習，一點一點地進步，而不是一受到打擊就一蹶不起。我希望你們可以把每一個錯誤都當作是一個課程一樣地對待，並好好地去思考自己可以從中得到什麼，而不是相信自己做什麼事都會是錯誤的決定。

所以當有一個男朋友（或是女朋友）傷了你的心，然後讓你相信自己根本就一文不值，或者是讓你認為這個世界將再也沒有人會愛你的時候（聽好，這個信念本身就是一個謊言。因為建立在你媽我還愛你的份上，就已經打破了這個謊言），我要你把這段關係就當作一個讓你成長的錯誤去對待，然後從中學習思考你可以如何藉由這個經驗讓自己變得更好，並且相信更好的未來一定會等著你。

我的確希望你們能夠盡其所能地去嘗試每一件事情。但如果你們失敗的話，就把它當作是另外一個可以讓你們變得更好的機會。即使有些時候，那代表著你只不過是比上一次的經驗更好了百分之一而已。因為你們有個具有超能力又了不起的靈媒媽媽，所以永遠不要接受任何比你自己本身還要低的標準。我可是花了我人生中重要的每一分鐘把你們兩個教導成懂得尊重的人，並相信你們可以對這個社會給予正面的貢獻。但儘管如此，這個社會上永遠有人會想辦法讓你對自己感到一文不值，因為那是他們唯一知道如何抬高自己價值的方法。請你們在遇到這樣子的人的時候，不要輕易地相信他們口中惡意的言語，也不要相信他們的不安全感反射在你身上的標籤。因為他們不是生你養你的人，我。才。是。

而且我清楚地知道，當所有的小孩子都在面對Time out（只是在旁邊靜坐也不需要面對處罰）的時候，你們兩個所面對的其實是比那個更艱難、更困難的挑戰，那就是「我」。

記得我常常跟你們開玩笑說：「如果你們可以在我的育養下生存的話，那麼你們基本上就可以存活於這個世界上的每一件事情。」說真的，這也不是個玩笑。

這也是為什麼我想要你們去尋找人生中任何一個可以幫助你們成長的機會，這包括勇敢地去面對自己的恐懼。我想要你們盡其所能地去嘗試每一件事情，並且去追尋你們的夢想。即便那得要你們跌倒一百次才有可能嚐到一丁點成功滋味。因為之後你才會清楚地知道每一次的失敗，都是將你推向一百分的累積分數，然後慢慢地將自己推向生命中一直在尋找的那一個完美。「一百」不是我們要達到的目標，而是我們創造出來的結果。

所以與其看著成績單，認為那是一個你們永遠達不到的數字，我想要讓你們知道的是，你其實只差一步就能創造出那個數字。小朋友，我不是一個完美的媽媽，尤其你們又常常說我是全天下最兇的媽媽，而我相信你身邊的很多朋友也會同意你的說法（不過說真的，你們也還沒有看過全世界XD）。但我覺得在你們成長的這個過程裡，我們都在彼此的錯誤中得到了學習，我成了一個自認完美的母親，而你們也成了最適合我的完美小孩。當我們都擁有自己的缺點的同時，那一顆能夠勇敢面對自己的失敗而成長的心，正是讓我們在一起的時候可以成為一百的主要原因。

你或許在成績卡上、愛情路上、工作上……不是一百分，但在這個家裡面，在你所擁有的任何關係裡面，或是在你為自己所創造的任何社群裡面，你都可以讓自己成為那個對達到一百有所貢獻的重要元素。

這個世界上有很多小孩子被訓練去相信「一百分」才是他們在人生中需要達到的目標。但是我真的不認為你們任何一個人需要被訓練成這個樣子。因為你們是我的小孩，而我相信唯有超能力的小孩子，才可以面對像我這樣瘋狂的靈媒媽媽。如果你可以把每一個錯誤都當作是一個學習的經驗，並且讓自己成為一個更好的人的時候，你很快地就會發現「一百」只不過是一個可以從錯誤中學習而累積的分數而已。所以永遠不要讓你的錯誤來標榜你是誰，或是你可以成為什麼，但相信每一個錯誤都可以讓你成長的話，那你就朝一百更前進了一步。如果你可以堅持這樣的信念讓自己不斷地成長，那麼當你達到所謂的一百時，你很快地就會發現那只不過是個開始。當許多人都滿足於一百分的成績時，你們會發現人的潛能其實是無限的。每一次從失敗中站起來的經驗都會幫助你長出靈魂的肌肉，並幫助你去翱翔。你將不再受限於一百分，而是會有二百分、一千分、或是任何你選擇的數字。所以永遠不要等待生命的發生，而是懂得自己去創造。不要期待完美，但學會擁抱自己的不完美，進而可以超越人們期待的完美。如果我可以面對自己的恐懼並做了一百集的直播，那麼我相信只要你們有心，一定也可以完成任何你想要做的事。

所以小朋友啊，生命中之所以有錯誤，是因為要幫助我們成長，而不是要我們停止生活。「完美」其實是由許多的不完美所創造出來的，而不該是你一心一意想要達到的目標。「一百」說穿了也只是一個數字而已，它永遠沒有力量可以決定你是誰或是你想要成為什麼。

記得我在你們小時候總是這麼說：「如果你不擅長一件事，那並不表示你不夠好，那只代表著你練習不夠。任何事情你只要練習了一百次，那麼你就會成為一個專家。所以再練習個一百次，看看它會把你帶到什麼樣的地方。如果你真的了解一百的意義，也清楚它只是個數字的話，那你就會看見生命中處處是機會。你會善用這樣的機會讓自己成為你一直想要成為的那個人，而那才是我想要呈現給你們的世界——一個可以由自己創造出來的世界。」

愛自己，只是一個開始

靈媒媽媽的心靈解答書 2

作　者—Ruowen Huang
美術設計—張巖
內頁排版—極翔企業有限公司
主　編—楊淑媚
校　對—Ruowen Huang、楊淑媚
行銷企劃—謝儀方

總 編 輯—梁芳春
董 事 長—趙政岷
出 版 者—時報文化出版企業股份有限公司
108019台北市和平西路三段二四〇號一至七樓
發行專線—（〇二）二三〇六—六八四二
讀者服務專線—〇八〇〇—二三一—七〇五
（〇二）二三〇四—七一〇三
讀者服務傳真—（〇二）二三〇四—六八五八
郵撥—一九三四四七二四時報文化出版公司
信箱—一〇八九九臺北華江橋郵局第九九信箱
時報悅讀網—https://www.readingtimes.com.tw
電子郵件信箱—yoho@readingtimes.com.tw
法律顧問—理律法律事務所　陳長文律師、李念祖律師
印　刷—勁達印刷有限公司
初版一刷—二〇二〇年九月三十日
初版八刷—二〇二三年十月二十五日
定　價—新台幣三五〇元

時報文化出版公司成立於一九七五年，
並於一九九九年股票上櫃公開發行，於二〇〇八年脫離中時集團非屬旺中，
以「尊重智慧與創意的文化事業」為信念。

愛自己，只是一個開始 / Ruowen Huang 作. -- 初版. -- 臺北市：時報文化, 2020.09 面；公分

ISBN 978-957-13-8392-7 (平裝)

1.通靈　2.靈修

296.1　　109014551

ISBN 978-957-13-8392-7
Printed in Taiwan